霍晓艳 ◎ 著

# 基于创新网络的
# 企业合作研发与
# 创新绩效研究

Research on the Relationship between
Enterprise Cooperative R&D and the
Innovation Performance based on
Innovation Networks

中国财经出版传媒集团

经济科学出版社
Economic Science Press

**图书在版编目（CIP）数据**

基于创新网络的企业合作研发与创新绩效研究/
霍晓艳著 . —北京：经济科学出版社，2017. 12
ISBN 978 – 7 – 5141 – 8872 – 1

Ⅰ. ①基…　Ⅱ. ①霍…　Ⅲ. ①企业创新 – 企业绩效 –
研究　Ⅳ. ①F273. 1

中国版本图书馆 CIP 数据核字（2017）第 320819 号

责任编辑：于海汛　胡蔚婷
责任校对：靳玉环
责任印制：李　鹏

**基于创新网络的企业合作研发与创新绩效研究**

霍晓艳　著

经济科学出版社出版、发行　新华书店经销
社址：北京市海淀区阜成路甲 28 号　邮编：100142
总编部电话：010 – 88191217　发行部电话：010 – 88191522
网址：www. esp. com. cn
电子邮件：esp@ esp. com. cn
天猫网店：经济科学出版社旗舰店
网址：http: //jjkxcbs. tmall. com
北京季蜂印刷有限公司印装
710 × 1000　16 开　9. 75 印张　150000 字
2017 年 12 月第 1 版　2017 年 12 月第 1 次印刷
ISBN 978 – 7 – 5141 – 8872 – 1　定价：35. 00 元
（图书出现印装问题，本社负责调换。电话：010 – 88191510）
（版权所有　侵权必究　举报电话：010 – 88191586
电子邮箱：dbts@ esp. com. cn）

# 前　　言

　　在技术和经济高速发展的市场环境中，企业对知识创新和核心技术的需求日益强烈，而只通过内部力量进行研发难以满足市场对创新技术的需求，因此整合外部资源和寻求合作成为企业提升创新绩效的有效举措，企业借助外部资源和组织的优势进行技术研发，逐渐形成价值创造的新型模式。在这种新型创新模式下，企业的边界被打破，企业间形成了创新网络。企业通过加入创新网络进行合作研发成为提高创新能力的最佳选择。因此，关于企业研发模式选择、创新网络和创新绩效的研究引起了国内外学者的关注。

　　本书以企业研发模式的选择和创新网络中企业合作研发博弈分析为基础，着重研究企业创新模式、企业创新网络对创新绩效的影响，探究创新能力等因素对创新网络形成过程的影响，以及创新网络对创新绩效的调节作用。主要研究内容及结论如下：

　　首先，从委托代理理论、不完全合约理论和组织资源理论的视角，对企业研发模式的演化进行分析，并从参与主体的角度对企业研发模型进行识别，得出单一主体研发和多元主体研发两个大类和 8 种企业研发模式。基于企业研发模式选择的影响因素分析，本书对内部研发模式、委托研发模式、企业合作研发模式和产学研合作研发模式四种研发模式选择进行均衡分析，发现在技术溢出水平和组织学习能力水平双高时，合作研发模式从成本和利率两方面分析其都是最佳选择；当技术溢出水平低时，内部研发成本低，合作研发利润高；当组织学习能力差时，委托研发成本低，合作研发利润高。此外，考虑企业生命周期不同阶段的特征，企业对研发模式的选择呈现动态变化。

其次，探究企业研发模式与企业创新绩效的影响关系。从技术、服务和财务三个维度构建企业创新绩效测度指标，并将企业研发模式归纳为内部研发和外部研发两类。基于理论分析提出假设模型，通过对200多家制造企业进行问卷调查，完成数据收集。利用SPSS 20.0进行相关性和多元回归分析，对假设模型进行检验，得出结论：加大研发投入能有效提高企业创新绩效，且内外部研发呈现互补关系；企业特征等因素对研发模式与创新绩效关系能够起调节作用。

再次，在创新网络中，企业合作研发过程和合作研发效果受到协同效应的影响。在考虑协同效应和不考虑协同效率两种情况下，合作研发的主体行为博弈存在明显的差异。该部分探讨基于利益分配的协同创新网络运行和演化机制，并进一步分析创新网络中企业间的协同博弈关系。

最后，对企业创新网络类型进行划分，通过动态博弈分析探究研发网络形成及演变过程。发现企业不但要融入创新网络，并且要提升在网络中的主导作用，从而获得创新网络中的优势位置。此后，应用结构方程模型及多层次回归分析检验企业创新网络与创新绩效的关系。研究发现企业资源获取能力、人才培养能力和企业创新文化环境对企业创新绩效有正向影响；网络主体地位和网络环境适应性对创新绩效有正向调节作用。

# 目 录
## contents

>      >      >      >      >      >

# 第一章

# 绪　　论

## 第一节　选题背景和选题意义

### 一、选题背景

创新过程的复杂程度及不确定性随市场环境变化而增加，企业在开展创新活动的过程中应与外部组织合作，一方面能克服企业内部信息和知识的局限性；另一方面能够适应产品快速更新的需求变化。在这种背景下，企业创新模式发生了巨大变化，交互合作的创新模式取代了简单的原子创新模式，同时企业合作创新网络也逐步形成。企业怎样利用已有的网络能力在企业组织、企业创新范式网络化的背景下，在网络中占据合适的位置，并处理创新资源特别是知识资源的短缺，将企业从"依赖型"地位转化为"支配型"，从而取得可持续发展的创新优势，这是企业需要面临的重要问题之一。如今，即使众多学者对这一问题进行了大量针对性的研究并取得了些许成果，然而大多数研究只针对企业现拥有的网络位置和良好的网络能力所带来的竞争优势进行探究，但对如何在企业合作研发模式下的网络能力以及网络位置影响下对企业创新绩效的机理分析及实证研究，尚缺乏深入的探究。

本书整理和研究了企业创新绩效相关文献，以企业创新网络中各成员企业的网络能力以及网络位置为基础，探讨合作研发模式下怎样通过网络能力来影响企业以占据网络核心位置，最终提高企业创新绩效，并进一步探求创新网络、创新绩效和企业合作研发模式的维度划分，创建创新网络、企业创新绩效以及企业合作研发模式三者彼此相辅相成的理论模型。

## 二、选题意义

在我国产业集群得到长足发展的同时，产业集群内部的企业通常存在于同一条产业链中，并具有较强的地理集聚性，相互间联系更加密切，伴随着各企业之间的合作频度以及深度的增加，无形之中构建成依托于企业集群的创新网络。在产业集群的创新网络之中，企业相互之间的创新活动生成协同效应，通过对外部拥有的创新资源的获取、吸收以及转化，以提升自身的创新绩效。所以就社会网络视角而言，研究产业集群内部成员企业的创新绩效系列问题，具有一定的理论意义以及实际价值。

其一，就企业间的合作动机而言，从简单的交易价值最大化以及交易成本的最小化，转化成获取与其相关组织的知识资源，选择与企业进行创新合作方式。综合目前的环境构成，经由研究企业的合作形式，不难看出，企业间的创新合作关系从较弱的二元联系关系转变为较强联系的多维网络；在企业创新活动中，网络创新的重要性与日俱增，这直接关系到企业的创新绩效。其二，就创新网络形成目的而言，企业应不断进行跨组织的学习，进而获得更多创新资源，在整个过程中提升企业试图扩张自身嵌入的网络规模，并表现出一定的增长机制。就节点选择角度而言，企业更倾向于选择声誉良好或者是有过愉快合作经历以及能提供较多创新资源的企业。这些因素不但和企业的网络位置以及网络能力相互联系，除此之外，创新网络也推动了企业间的信息、资源以及知识的流动，是众多企业通过形成特有的网络结构，影响其最终共同创新的一种构架，因而对于创新网络中的企业而言研究网络结构具有重要地位，通过使用网络拓扑分析工具进而探究创新网络之中的企业创新绩效等相关问题俨然成为学界所关注的研究热点之一。

就以上观点进行思考，通过重点研究合作研发模式下的企业网络位置、企业创新绩效和网络能力，以及这三方面存在的内部联系，进而对我国企业的创新绩效提出有针对性的提升策略，希望通过利用创新网络来为企业更好地提升自身的创新能力，最终能为构建竞争优势提供具有价值的方案。

## 第二节　研究方法和研究内容

### 一、研究方法

#### （一）归纳分析

以国内外相关主题研究现状和相关理论的整理、分析及归纳总结为基础，构建本书的主体框架。本书通过综述和评述创新网络、企业研发模式和创新绩效等研究，构建企业研发模式选择、创新网络与创新绩效关系的理论模型。

#### （二）博弈分析

利用博弈分析方法建立企业间研发的动态博弈模型得出企业研发模式的选择策略；此外，为了探究创新网络中企业合作研发过程中协同效应，建立考虑和未考虑协同效应两种条件下的合作博弈模型，对网络中的合作竞争关系及合作剩余效应进行博弈比较分析。

#### （三）实证研究

实证研究方法是本书第四章和第六章的主要研究方法，用于对书中提出的理论假设模型进行检验。变量数据的获取方式为调查问卷，该数据收集方法具有数据收集量大、速度快且成本低的特征，适用于较大范围及时间跨度小的研究。具体操作又涉及：问卷设计、问卷发放与回收及数据整理分析。本书问卷为结构化问卷，信度及效度检验采用探索性及验证性因子分析和相关分析；数据分析采用多元回归分析。统计工具选用 SPSS 20.0 和 AMOS 20.0 统计软件。

## 二、研究内容

本书包括如下四部分主要研究内容：

研究内容一：创新网络中的企业进行研发模式选择前首先要进行研发模式的识别，并从研发模式形成的理论依据中探究其特点和适应性。进一步从静态和动态视角分析创新网络中的企业如何进行有效的研发模式选择；从静态视角，本书探究创新网络中企业创新模型选择的影响因素；从动态视角，本书依据企业在创新网络中不同发展阶段研发模型的选择进行分析。

研究内容二：创新网络中企业研发模式的探讨，发现从参与主体的视角创新网络中的企业开展研发创新活动时的组合形式不同。进一步深入探讨创新网络中不同研发模式如何影响到企业创新绩效，并进行实证检验以明晰不同研发模式对创新绩效的作用机理。

研究内容三：在创新网络中随着企业实力的提升，合作研发模式对于企业创新绩效较强的正面促进作用，同时合作研发也有利于分担风险、降低研发成本及提高研发速度。因此，企业在创新网络中应如何选择研发合作对象；选择过程遵循的原则步骤等的探讨。并从协同博弈理论实践出发，探讨创新网络中企业合作研发的演化过程。企业在创新网络中寻找研发合作伙伴和合作机会的过程可通过博弈分析得出。

研究内容四：企业的创新能力水平与创新绩效之间存在相关性。对创新网络、企业创新能力及创新绩效的关系进行深入探讨。基于理论分析提出假设检验模型，对创新网络、企业创新能力及创新绩效进行实证研究，以明晰创新网络、创新能力及创新绩效的影响关系和作用机制。

## 三、主体框架

为完成本书研究目标，可以将研究内容分成以下几个部分，各部分主要内容为：

第一章：绪论。详细介绍本书的研究背景，进行本项研究的意义所在。另外对研究中采用的方法以及亮点进行概要的介绍，列出本书整体的框架。

第二章：文献综述与相关理论基础。本章对创新网络、企业研发模式及企业创新绩效的相关国内外研究进行综述并就研究现状进行评述，发现：现有研究中没有对基于创新网络的企业研发模式对企业创新绩效的作用机理进行深入探索的研究。此外，该章对本书涉及的复杂系统理论、社会网络理论、协同演化理论及组织学习理论进行概述。

第三章：创新网络中企业研发模式的识别与选择。创新网络中的企业进行研发模式选择前首先要进行研发模式的识别，并从研发模式形成的理论依据中探究其特点和适应性。进一步从静态和动态视角分析创新网络中的企业如何进行有效的研发模式选择；从静态视角，本章探究创新网络中企业创新模型选择的影响因素；从动态视角，本章依据企业在创新网络中不同发展阶段研发模型的选择进行分析。

第四章：创新网络中企业研发模式与创新绩效作用机理研究。基于前章对创新网络中企业研发模式的探讨，发现从参与主体的视角创新网络中的企业开展研发创新活动时的组合形式不同。本章进一步深入探讨创新网络中不同研发模式如何影响到企业创新绩效，并进行实证检验以明晰不同研发模式对创新绩效的作用机理。

第五章：基于创新网络的企业合作研发研究。在创新网络中随着企业实力的提升，合作研发模式对于企业创新绩效较强的正面促进作用，同时合作研发也有利于分担风险、降低研发成本及提高研发速度。对企业在创新网络中应如何选择研发合作对象和选择过程遵循的原则、步骤等进行探讨；并从协同博弈理论实践出发，探讨创新网络中企业合作研发的演化过程。企业在创新网络中寻找研发合作伙伴和合作机会的过程可通过博弈分析得出。

第六章：企业创新网络对企业创新绩效的实证研究。行业创新网络中，企业的创新能力水平与创新绩效之间存在相关性。本章对创新网络、企业创新能力及创新绩效的关系进行深入探讨。基于理论分析提出假设检验模型，对创新网络、企业创新能力及创新绩效进行实证研究，以明晰创新网络、创新能力及创新绩效的影响关系及作用机制。

第七章：提高企业合作研发能力和创新能力的对策和建议。该章从企业合作研发能力、企业创新能力及建立创新网络协同演化保障措施三个方面提出建议和对策，以提升行业整体创新绩效。

第八章：结论与展望。该章为本书的整体总结部分，对本书的四个主要研究内容、研究结论和研究局限进行论述。此外，本章还指明创新网络、合作研发与创新绩效未来的研究方向。

## 四、技术路线

本书主要技术路线如图 1 – 1 所示。

## 五、主要创新点

本书的创新点如下：

1. 从研发模式形成的理论依据中探究其特点和适应性。进一步从研发参与方的视角对创新网络中企业研发模式进行分类及识别，并从静态和动态视角分析创新网络中的企业如何进行有效的研发模式选择。从静态视角方面，本书探究创新网络中企业创新模型选择的影响因素；从动态视角方面，本书依据企业在创新网络中不同发展阶段研发模型的选择进行分析。

2. 创新网络中企业研发模式的探讨，发现从参与主体的视角创新网络中的企业开展研发创新活动时的组合形式不同。进一步深入探讨创新网络中不同研发模式如何影响到企业创新绩效，并进行实证检验以明晰不同研发模式对创新绩效的作用机理。

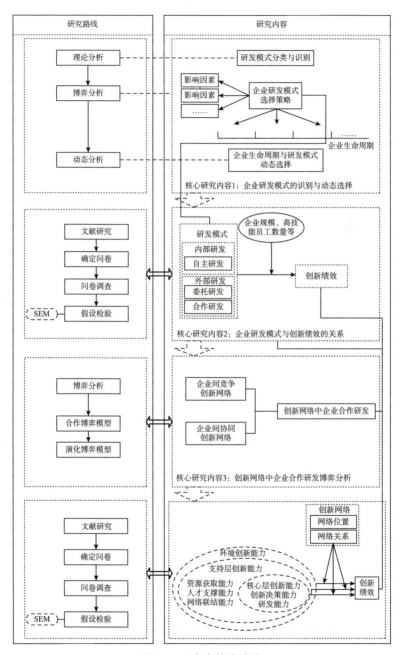

**图1-1 本书技术路线**

3. 探究企业在创新网络中应如何选择研发合作对象和选择过程遵循的原则、步骤；并从协同博弈理论实践出发，探讨创新网络中企业合作研发的演化过程。企业在创新网络中寻找研发合作伙伴和合作机会的过程可通过博弈分析得出。

4. 从企业外部环境层、企业资源层、企业战略层三个层面基于已有研究探讨企业创新能力与创新绩效的关系，并检验创新网络中企业网络地位优势和主体网络关系在企业创新能力与创新绩效影响关系中的调节作用，明晰创新网络、创新能力及创新绩效的影响关系及作用机制。

# 第二章

## 文献综述与相关理论基础

### 第一节  相关研究综述

#### 一、创新网络相关研究综述

无论国家、行业及企业都要依赖不断创新而发展，而衡量企业创新成效的重要指标是创新绩效。因此，管理学及经济学方面的国内外学者对创新绩效的研究非常关注。技术效率作为创新绩效的前身，其概念首先由法雷尔（Farrel）给出。此后，创新绩效的可度量性成为研究方向，研究目的在于合理的创新活动开展引起的实际产出进行测度。实证研究中，大多数考察创新绩效的角度均为"产品创新"，这些单一问题的条款如"企业过去 N 年中开发的创新产品数量"被用来进行测评，并且在此基础上增加了"现有产品改良"的指标。在 2003 年斯宾塞（Herbert Spencer）经过问卷调查和大量实证检验等工作后，提出对企业创新绩效的表示可以由提升企业产品合格率来表示。

在大多数文献中指出，在企业中对创新绩效有着显著正面效应的是创新网络。创新网络是为适应创新复杂性而形成的组织，创新主体在组织内以各种正式关系和非正式关系交织而成，企业间的创新合作关系则是它的主要联结机制。创新网络中，企业间的创新合作关系与社会网络的结构相互融合、相互叠加，从而导致创新网络结构的复杂和治理模式的多样，而高效的创新网络组织治理模式对资源整合及信息知识交换效率的提升起到促进作用，并能进一步带动全新技术信息以及隐性知识被个体企业学习、吸收和消化①，提升企业绩效。查希尔等（Zaheer et al.，2005）提出为提升企业创新绩效应结合企业开发自身内部能力、创新能力及网络结构的嵌入以占据网络结构的优势地位②。以网络联系为出发点，郭亚平等将如何影响到企业自身的创新绩效的研究对象进行重新分类界定，关注企业与供应链合作者、企业与外部政府机构、科研机构及高等院校的关系对创新绩效的影响。通过研究网络的过程、结构及其管理机制后，阿瑞恩思（Arranz）等发现在创新网络中通过合理安排结构、流程继而设计实现治理体系的要素是提升企业创新绩效。涅托（Nieto）等在西班牙的制造业企业中进行问卷调研，通过数据分析发现产业集群形成后，其内部在开展创新活动过程中的协作程度高能提升企业创新绩效。本书中以嵌入于创新网络的企业创新绩效为研究视角，基于上述文献回顾，探讨创新网络形成对企业创新绩效的影响关系，并加以实证验证。

1991 年弗里曼（Freeman）在其著作《研究策略》中提出创新网络（Innovation Network）的概念。他认为创新网络是企业在追求创新时所采取的网络行为，创新者网络被视为与创新网络等价的概念。创新过程中的网络行为通过两种网络形态得以体现：一是企业有目标的采取网络行为而形成的正式创新网络形态；二是在正式创新网络基础上产业集群自发形成的非正式创新网络形态。弗里曼认为产业集群在创新过程中主要通过非创新网络实现网络行为的学习，因此对非正式网络的研究在创新网络研究中显得尤为重要③。

---

① 任胜钢、胡春燕、王龙伟：《我国区域创新网络结构特征对区域创新能力影响的实证研究》，载于《系统工程》2011 年第 2 期。

② Zaheer A，Bell G G. Benefiting from Network Position：Firm Capabilities，Structural Holes，and Performance ［J］. *Strategic Management Journal*，2005，26（9）：809–825.

③ Freeman C. Network of Innovators：A Synthesis of Research Issues ［J］. *Research Policy*，1991，20（91）：499–514.

创新网络被提出后受到众多学者的关注。学者们基于不同理论视角对创新网络进行相关研究。乌德尔（Udell）对创新网络形成过程进行了研究，研究发现产业集群中的每个企业为一个节点，在创新过程中企业之间发生的互动行为或相互影响可以作为节点间的连接关系，众多企业在致力于创新的活动中彼此之间发生的互动行为和互相影响先后形成个体创新网络和产业创新网络；梅拉特（Maillat）等从制度安排角度将创新网络视为系统性创新，即以创新为目标企业间合作的网络行为；刘友金等关注创新网络中企业之间及与其他网络成员间的沟通方式，经研究发现创新网络中的沟通方式有正式和非正式两种方式，其中正式沟通和合作对企业创新绩效的影响显著。汪安佑等从创新网络核心要素的角度出发，研究表明产业链上下游关联企业为创新网络内部核心要素，政府、研发机构及金融服务机构等为创新网络外部支撑要素；内部要素和外部要素共同作用于创新网络，成为企业创新的驱动力。创新网络在创新活动中形成又反作用于内部企业的创新过程。该相互作用过程中，企业在创新网络中所处的网络位置和对网络资源支配能力影响企业在创新网络中的网络地位。

企业个体以自身在网络中的角色、地位及权力作为表征，并与其他合作网络中的企业形成相对稳定的关系。国内学者杨桂菊认为，网络位置通过合作网络中企业间直接或间接的联系表现，也体现了企业的网络权力包括信息交换、可触及性和推荐性。网络位置可以直观地界定为企业在已形成的行业网络中所处的空间位置，涉及在网络中企业能够发挥的作用和影响力大小、整个企业网络的规模和类型，以及与其他企业间的距离和关联。网络位置是相对的概念企业在网络中的优势位置使企业能够获得更多相对优质的资源。本书借鉴其他学者的研究将网络中的位置划分为以下三类：一是网络核心者，即相对处于网络中心位置掌握优势信息及人力资源，其他企业个体均与网络核心者发生联系并受网络核心者的影响；二是网络中介者，是网络中信息与资源交流的媒介，其有效作用于不直接相联系的企业，是整个网络中的节点能够互动和沟通；三是网络边缘者，即网络位置处于这个网络的边缘或底层，必须借助一个或多个网络中介者才能与网络核心者进行连接，一般情况下其网络地位较低所拥有的网络资源也有限①。

某类产业创新网络中，一般有一个到两个网络核心者占据网络优势地位，掌握相对多数和优质的资源，并对网络中其他企业具有较强的影响力，其他企业必须通过与网络核心者保持信息等资源的动态交流才能在整个网络中求得生存发展；网络中介者则是产业创新网络中最为积极活跃的节点，其发挥不可缺少的中介作用的同时能够获得大量信息等资源，具体来讲不直接相连的企业间发生的沟通必须通过网络中介者发生，因此网络中介者成为参与网络互动与沟通最频繁的节点；网络中介者具有操控网络中信息流、知识流等资源流的权力，网络权力往往超过网络核心者；网络边缘者在产业创新网络中明显处于弱势地位，必须依赖于网络中的其他企业尤其是网络核心者获得信息等资源的支撑，因此为了网络发展必须主动需求网络互动交流，其成为在网络中对网络中介者最为依赖的一方。

网络能力是决定企业在创新网络中创新优势的另一个要素。企业在创新网络中的网络能力一方面表现为自身的创新能力；另一方面表现为在网络中主导、协调和影响网络中其他企业的能力；瑞特（Ritter）将网络能力视为一种胜任力，并从可操作的角度研究企业如何建立和使用企业网络关系的方式和过程；古拉蒂（Gulati）等从企业竞争力的角度把网络能力界定为对外的网络关系管理能力和对内企业自身发展能力；在外部经济和技术环境快速变化下，企业试图通过加强与同类企业、供应链上下游企业及客户形成紧密关系来适应新形势变化；戴尔（Dyer）等的研究也得出相似的结论，认为网络能力是通过影响和控制网络合作伙伴而获得行业竞争优势的能力。

## 二、企业研发模式相关研究综述

### （一）企业研发模式类型与选择策略的研究

#### 1. 企业研发模式分类与识别的研究

企业在进行研发策略选择之前，首先要对研发模式进行分类识别，并

---

① Koka B R, Prescott J E, Designing Alliance Networks: the Influence of Network Position, Environmental Change, and Strategy on Firm Performance [J]. *Strategic Management Journal*, 2008, 29 (6): 639 – 661.

了解各类研发模式使用的边界。从不同理论视角和研究目的需要，国内外学者对企业研发模式进行了分类和识别，并进一步对每种研发模式的内涵进行界定。从企业边界对企业研发模式进行二分法分类，一般可分为企业内部研发和企业外部研发，企业内部研发完全借助组织内部人力、物力及信息的资源，企业外部研发是完成借助外部组织人力、物力及信息的资源达到研发目标；但是研发过程中的企业边界通常比较模糊，于是出现了企业研发模式的三分法、四分法和五分法等分类。比较有代表性的研究包括：雷文佳（Revenga）等将企业研发模式分为三类：企业内部自主研发、技术外部购买和内外部合作研发；李（Lee）等认为企业进行研发的终极目的是获得新的技术；企业可以通过自行研制、新技术购买、购买并改进及综合方式四种模式而获取新技术。圣仕玛（Steensma）等关注技术需求企业在研发过程中的参与程度，将研发模式分为企业内部研发、企业外部并购、技术购买及联合研发。健太（Kenta）等首先基于委托代理理论提出了企业委托研发的模式，即企业作为委托方需找研发能力强的外部组织作为代理方，将研发作为一项交易标的物的研发模式。无论是二分法还是三分法、四分法及五分法，其内部的核心依据相同，都是以企业组织及资源边界或企业获得新技术的方式过程为依据。但由于创新活动形式和参与者的多样化程度的变化，本书将从参与者的视角对企业研发模式进行分类和识别。

**2. 企业研发模式策略选择的研究**

企业在发展过程中需要持续创新，应该如何选择研发模式，一方面要考虑外部行业相关影响因素；另一方面要考虑企业自身的影响因素。企业研发模式选择动因的研究多从交易成本理论和组织资源理论视角出发，学者们试图通过理论对企业研发模式选择进行诠释。

从交易成本理论实践，并基于上面对研发模式分类及识别研究的回顾，企业通过研发获得新技术的过程也是交易的过程，按照二分法的思路企业内部自主研发和外部研发所需要的研发成本不同，其他由于交易复杂性产生的成本被视为交易成本。交易成本理论由经济学家科斯提出，他将社会经济活动的资源配置模式分为市场和企业两类，市场与企业的资源配置具有替代性，价格机制是二者的媒介。从交易成本理论视角对此现象进行解释时，主要考虑资产专用性程度、交易的不确定性和交易频繁度。于是基于该理论对企业研发模式选择影响因素的研究来看，不同研发模式的交易成本高低成为主要动因之一。

在企业的特征和条件固定的情况下，企业目标或任务内容决定项目实施过程和具体参与对象，进而决定了由此产生的成本；同时，成本与企业任务目的实现之间的平衡成为企业决策的关键。对于项目任务完成的方式而言，组织内部实施、行业市场交易及合作完成方式都有可能是交易成本最低的任务完成模式。对于企业研发模式选择的研究，学者多关注企业性资产专用性、行业及技术变化的不确定性及行业竞争公平性等影响因素。例如，格洛伯曼（Globerman）用交易成本理论对企业合作研发的原因和开展过程进行研究发现，企业研发创新技术所产生的交易成本越高，则说明企业合作整合资源进行研发的过程越复杂，进而企业倾向于选择内部研发。同时，托马斯（Thomas）等的研究发现创新技术等无形资产专用性越强，外部行业环境不确定性越强，企业则倾向选择内部研发模式。

基于组织资源理论视角，企业研发模式选择策略研究关注企业内部资源、企业研发能力、企业对外部组织资源的支配能力等影响要素。在市场竞争激烈和技术发展快速的环境中，无疑，单一企业的资源和能力远远低于多企业或组织合作形式。持有组织资源理论的学者认为，企业合作研发能够将多方资源、能力、知识及信息进行合理整合，在研发过程中发挥最大的效率。凯思曼（Cassiman）等将每种研发模式与企业技术需求相互补充的程度进行对比发现，组织间的技术互助程度是影响企业研发模式选择的因素之一；企业会考虑本身在合作研发中的获利程度，如果自身对技术和知识的吸取能力强则可以在合作研发中处于优势地位，否则内部自主研发是比较明智的选择。凯思曼等后续的研究发现，企业研发模式选择过程中资源技术互补与交易成本高低被同时考虑，因为企业对外部组织资源整合过程也会发生成本。但是，交易成本理论和组织资源理论仅解释了企业研发模式选择的部分原因，关于行业创新网络及创新绩效等因素对研发模式选择的影响并未涉及。

考虑研发合作对象选择及技术溢出水平的相关研究。有研究表明，无论采用何种研发模式，企业在选择过程中表现出相似性，企业的研发模式选择过程成为企业合作模式选择探究的驱动因素。关于合作研发动机与模式选择的研究发现，合作研发最普遍的动机包括研发成本、技术共享和技术创新。哈瑞宾（Harabi）等以德国企业为例，发现84%的创新企业会选择客户和供应商作为合作研发的伙伴，从而形成企业纵向研发合作形式。对于企业创新的影响来说，纵向合作研发情况下在技术机会方面、可占用条件方面，以及市场需求分析方面都会成为重要影响因素。

合作研发可分为正式合作研发和非正式合作研发，其中正式合作研发以成立合资公司或研发项目公司为特征；非合作研发的形式则更为多样，且在合作研发过程中发挥更为关键的作用。加利（Galli）等将企业规模、自主研发能力和与企业集团的关系等企业属性因素作为影响合作研发模式选择的重要因素进行研究。圣玛丽亚（Santamaria）等经过实证研究西班牙企业合作研发选择发现，为了能使现有的竞争优势得到更好的发挥，避免在合作研发过程中恶意竞争，纵向合作研发方式是最好的选择，尤其是当专利技术作为合作研发企业与研究机构之间考虑的基础时，为了更好地提升专利技术的效率；纵向合作研发模式的选择可以避免恶性竞争现象的出现，并且企业的创新绩效通常不会被这种合作影响。在选择纵向合作研发模式时，也会出现合作动机减弱的现象，其原因往往在于企业缺乏对自己的技术知识的保护而比较重视客户及供应商的行为。

（二）合作研发实证研究

李（Lee）等以巴尼（Barney）的战略要素市场为基础，认为研发能力是指企业内部研发，对企业创新绩效而言内部研发作为一种战略资本有着极其关键的作用。奥德斯（Audretsch）运用多元回归分析法对高科技产业和传统产业进行关于企业规模、企业利润率、研发投入成本、企业新增率等因素与创新绩效的关系进行了研究，发现同一变量对不同类型企业的创新绩效影响程度不同，企业利润率和研发投入对高新技术企业的创新绩效影响尤为重要；而促进传统企业创新的关键是企业增长率。基姆（Kim）等将韩国制造业作为研究对象采用贝叶斯网络方法研究了企业合作研发与创新绩效的作用关系，该研究验证了合作研发对工艺创新绩效的显著影响。

古拉蒂（Gulati）等把企业网络也当作一种资源，他认为企业内部研发与外部研发都对创新绩效有影响，只是影响机制不同而已，从交易成本的角度看，组织的外部研发是在契约与外部组织或机构已经具有相应联系的基础上，内部研发与外部研发相比可以降低涉及外部机构或组织的潜在成本如在沟通、谈判、履约等方面的成本。艾米尔·A 等将欧共体的第 4 次与第 5 次创新调查结果进行对比，以多因素分析为方法，对欧共体成员创新后变化的地位情况进行了研究。研究后的结果表明，在工业企业方面，包括法国、卢森堡、爱沙尼亚等在内的 4 个国家提高了创新地位，而爱尔兰、德国等 6 个国家的创新地位呈下降趋势，荷兰、波兰等 8 个国家并没有明显的创新地位变化。

特瑟（Tether B.，2008）等认为研发模式类型可以划分为四类：一是基于 R&D 的创新；二是基于技术、产品和操作流程的创新；三是非技术创新；四是服务、组织和管理的创新。四种创新模式中对创新绩效影响最显著并且处于最主要地位的是研发创新，处于研发模式的核心地位。塞加拉（Segarra A.，2008）等认为在企业创新能力与其吸收外部信息、知识和技术能力密不可分，所以将与合作伙伴的研发合作协议也加进研发模式中，并且确定在合作伙伴之间研发合作协议的五种中起决定作用的一种；吕勒里（Lhuillery）等对研发模式中研发合作失败原因进行探讨。

## 三、企业创新绩效的研究综述

### （一）创新网络与创新绩效

在一些特定的创新网络环境中企业体现出来的创新活动效果可以称为创新绩效。这种创新绩效与非创新网络环境下研究企业创新绩效不同的是，它通常涵盖了客观性、连续性、可测度性和非完全个体性四个特征。客体性则通常运用于创新绩效中能客观实际地衡量指标。连续性通常是一段时间持续考察企业实施创新活动开展情况、再造创新的流程、技术创新方法和创新效果等，并以此为根据对未来可能对企业创新绩效有显著影响的方面进行评估。可测度性通常指选择便于进行测量和数据易于收集。在创新网络环境下的企业创新绩效几个基本特征中，最显著的特征是非完全个体性，其原因主要在于在创新网络环境中的企业，其自身创新绩效不仅受到自身因素如企业战略目标、技术发展水平和创新资源的制约，更大的影响来源于外部创新网络环境及结构。

为进一步探讨创新网络对网络中成员企业的创新绩效的影响效果，必须研究创新网络对网络中成员企业创新活动的影响方式。创新网络是指在创新活动开展过程中形成并持续积累的企业间或组织间合作关系，因此彼此的创新资源投入和研发策略选择都会对网络成员企业的创新活动有着显著影响。在如今知识经济的大环境下，企业的创新活动有了复杂性和系统性的特点，所以与相对孤立企业不同的是创新网络内部的各成员企业为了完成自身的创新活动更加关注网络中的知识流向、资源的流动情况和企业间的合作创新模式情况。吴永忠提出企业多职能部门共同参与的是活动创新，而在企业内外许多机构之间发生的也是一种系统型的创新活动。阿西斯（Assis）认为创新网络中的合作创新源于网络中成员的跨边界学习和交流，此后的创新行为、创新方面及创新成果的借鉴与吸收程度直接影响彼此的创新绩效。考恩（Cowan）等认为企业在创新网络形成过程中选择其他网络成员的要求以资源、信息、知识、能力、技能等创新要素的互补为基础，从而创新过程也是网络成员创新要素交换过程。陈学光等通过研究发现，企业从创新网络中能够获得四个方面的支撑包括：创新互补要素、创新合作机会、创新动力和竞争压力。其中，属于客观条件的包括：创新互补要素、创新合作机会的获得为处于创新过程的企业提供了支持，创新动力和竞争压力成为企业不断进步的动因。

（二）企业合作研发与创新绩效

创新主体可以被划分为自主创新和合作创新两类。自主创新是指企业在企业内部进行包括从投入研发、开发研究、突破性技术，并使新技术成果进入产品化、商品化、产业化，进而创新成果利润化并取得知识产权在内的全部创新活动过程的创新实践，在这个过程中运用的是企业自身资源与能力。合作创新是以技术创新为主导行为的合作，合作创新的对象包括：同行业企业、跨行业企业、供应链中企业、产业链集群内部企业、科研机构、高等院校及其不同的组合形式。作为核心创新企业，可以融合企业内部和企业外部的各种可利用的创新资源进行创新活动。自主创新与合作创新的不同在于：自主创新强调单一创新主体，而合作创新是多个创新主体的联合体，通过合作进行创新。

从创新利益角度来说，企业自主创新是高层次创新，实行自主创新模式的企业拥有知识产权的核心技术，独立承担创新的投入、成果和风险，实现创新产品价值，它不同于技术引进和模仿创新等创新模式。合作研发的本质是合作伙伴关系，以同一目标、资源整合、技术共享、能力互补为基础，通过契约形式对责任义务、合作期限、合作规则、风险分担及收益分配进行约定；执行过程涉及的每个环节的创新活动需要合作各方的共同加入，创新投入、创新风险与创新成果的共享与共同分担。

自主创新与合作型自主创新之间并不存在绝对对立的关系，尤其是在当今市场环境下，经济全球化与竞争激烈化更导致二者之间存在相互结合的趋势。其一，企业为寻求发展必然会与外界相联系，其本身不可能成为一个完全封闭的系统，所以企业的自主创新也不可能完全局限于企业内部，而多主体的合作型自主创新模式也并不是没有起到核心作用或主导作用的创新主体。其二，知识产权归属问题也决定了自主创新与合作型自主创新之间不可能存在绝对对立关系的关键问题，从国家视角来看，无论何种类型的合作创新研究成果在国内属于自主创新的范畴之中。在中国范围内以企业为核心为合作型自主创新模式，是自主创新的一种特殊的形式，也可以简称为合作创新。本书认为，在合作创新的过程中包括知识创新过程的每一个环节，包括从最初的研究开发，中期试验，到批量生产，最后进行市场营销和技术扩散的各个阶段。在形式上看，合作创新是多样性的，包含技术人员创新合作形式、资金创新合作形式、技术、设备、工艺等创新合作形式，以及产品或服务创新合作形式等①。

合作创新系统是指企业在共同的创新愿景下以创新主体为核心，通过将各种创新优势资源和要素进行有机整合，而实现创新风险合理规避。同

---

① Brockhoff K. R&D Cooperation between Firms – A Perceived Transaction Cost Perspective [J]. *Management Science*, 1992, 38 (4): 514 – 524.

行业内部选择、跨行业的产、学、研合作和产业价值链等在内的多种创新合作模式，以合作协调机制为基本原则，合作伙伴为形成以彼此依存、互惠共利、合理结构的合作为整体效应目标的创新效益，通过交换物质、能量和信息克服文化的冲突、打破组织的制约并能发挥资源优势为特征的良性循环系统。

## 四、文献评述

通过梳理相关文献，关于企业研发模式的研究，学者们已经有了大量的科研成果积累。在企业中关于研发模式和创新绩效之间的紧密联系已经被大量的研究证明，特别是许多经典理论被国外学者研究发现，但是将理论与中国企业样本相结合影响研发模式与创新绩效之间的关系的实证研究却很少见。关于同一个问题的研究结论也产生了诸多的不同，这些研究缺乏应具备的研究深度，并且距离形成一套成熟的体系还相差甚远。

（1）可以从上述关于企业选择研发战略与公共政策的内容看，合作研发模式中合作企业的研发投入成为重要的研究变量，国内外学者采用不同方法对研发投入形式和投入量进行研究。辛普森（Simpson）等对竞争—合作研发模式下企业在研发投入量方面的博弈过程。研究发现，当只通过需求函数分析双寡头市场而不确定溢出效应函数的情况下，将企业成本函数的导数设定为研发支出，当需求函数选择为凹函数的条件下竞争—合作研发模式中不会出现溢出效应。如果需求状态呈线性时，溢出水平会随着合作时的研发支出而增加。辛普森等对竞争—合作研发模式下企业在研发投入量方面的博弈过程研究发现，当只通过需求函数分析双寡头市场而不确定溢出效应函数的情况下，将企业成本函数的导数设定为研发支出，当需求函数选择为凹函数的条件下竞争—合作研发模式中不会出现溢出效应。汉鲁（Hinloopen）等将产品市场竞争水平作为条件，观察不同水平下研发投入的变化；合作研发效应的外部性受到企业战略选择、企业规模及技术溢出水平的影响；因此，在竞争水平呈倒"U"型变化模式下，技术溢出水平越高则企业越倾向于选择合作研发。与以往的研究方法不同的是，卡尔博尼（Carboni）等运用反双曲正弦模型，对合作研发投入进行影响因素识别；研究发现反双曲正弦分析法比采用常见的对数模型的方法所得出的标准误差较小，而对合作研发支出的水平会被规模以及公共拨款造成明显的影响。在最新的研究成果中，也同样表明了简单的线性关系并不能概括溢出与合作激励之间的关系。泊尔（Burr）等在研究中发现，技术溢出水平低且研发投入低时，企业研发策略选择要通过博弈分析进行决策。而此时，"U"型的关系也可以通过合作研发意愿强烈程度与技术溢出水平表现出来。基于上述研究发现，合作研发的动机呈现多样化变化趋势，具体表现为：内部和外部技术溢出、外部资源整合与互补等。一般情况下，企业在进行合作研发策略时，多数企业关注研发投入过程的影响因素，而忽视上述影响因素的互动和叠加效应。这就是没有全面考虑因素影响，致使不同结果出现的原因。

（2）在现有的研究中关于对企业研发模式选择的因素影响分析的多是一些描述性研究，而且在案例分析中缺少对研发模式选择成因有效的研究与分析，也没有按照规范进行案例方法的研究。笔者认为，企业的创新研发模式的选择必然会受如企业规模大小、技能员工多少、企业所处的技术层级高低、是否存在市场障碍以及政府政策扶持等企业特征影响。而且，所显示的不同的特征除了会影响选择企业研发模式外，还会对企业的创新绩效产生影响。

（3）在创新网络内部，各个企业的创新能力和技术水平的提高主要依赖于相互之间的知识、资源的共享及流动和开展协同创新活动来促进企业创新绩效的提升。所以，在创新网络中创新环境的视角必须被运用到考查成员企业的创新绩效中。

# 第二节　相 关 理 论

## 一、复杂系统理论

在 20 世纪 80 年代，以研究自然系统、社会组织系统、市场经济与运行系统、管理模式系统等整体与部分相互作用关系的复杂系统理论被创立。复杂系统与以前的简单系统不同的是，它是开放系统并且具有非线性相互作用的特点。复杂系统属于一种适应性系统，即系统内部子系统直接的状态介于完成秩序状态与完成无秩序状态之间。复杂系统中的子系统具有自组织、自判断和自行为的特性，且各子系统间存在信息、物质、能量等的交换，也可以适应和及时应对环境的变化。复杂系统理论对现象解释的方式包括以下几类：

非线性动态模式，即复杂系统中的子系统作为母系统的组成部分，其微小变化都会导致在这个系统中其他子系统出现比较明显的变动，上述互动影响的模式呈现非线性关系而非简单的叠加效应；一般会通过复杂关系将多个部分进行组合，并且能够得出更佳的功能。动态性则表示在整个系统中每时每刻都在不断的变化，在系统内部与外部共同的作用之下，产生了整个系统不断演进的历程，即从无序向有序、低级向高级。

不可逆和开放性。在复杂系统中，系统的任何变化都不会使系统回到曾经已经有过的时间和状态的现象称为不可逆性，运动轨迹都是不一样的，这就代表了复杂系统不断的进化有着一定的方向性。而复杂系统中外部的各种因素应该与内部主体之间不断联系，这样才能吸取负熵流减少自身的熵值，交换外界的物质、能量等资源信息，这样才能保证系统演进的可持续性，即由完成无秩序状态向完成秩序状态发展。

自组织的协调适应性。在剔除外部环境影响因素条件下，复杂系统包含的子系统能够自发地从低级向高级演化，由简单结构转变为复杂结构，同时各子系统也会产生互动效应，影响彼此自组织和自演进行为的趋势称为自组织性特征。而在系统中为了能积极地应对环境的变化，系统通过自身的相互反馈和协调将不利因素转化为有利因素，实现子系统或系统要素的协同一致发展演进，上述过程体现出复杂系统的适应性。国内外学者将复杂系统理论应用在各个领域对复杂现象进行解释，同时也丰富和拓展了该理论，为在区域创新网络中分析自组织特征、演进过程、运行机制奠定了理论基础。

## 二、社会网络理论

社会网络是以个体存在于社会网络之中为基本思想，将个体和组织作为构成网络的节点要素，节点间彼此的物质、信息交换及交换过程中建立的关系形成网络；网络形成后各节点要素间的相互作用更加显著。相关研究中，将社会网络视为已存在的基本网络，个体或组织之间相互联系形成的网络为子网络，该子网络必须嵌入到社会网络中并与之进行信息、资源、能量的交换和整合，使其产生更高的价值。在社会网络中，各联盟成员拥有不同的稀缺性资源，联盟成员之间关系紧密程度不同，会对网络中资源共享和技术知识的交换及专用效率产生影响。社会网络环境中的合作创新模式，创新联盟已成为重要组织形式。因企业要进行技术创新和知识创新仅依靠组织内部资源和力量难以实现，激烈的市场竞争环境和创新活动的高不确定性等因素促使行业主体产生寻求合作研发的意愿。

社会网络理论是一个其中包含着极其丰富理论内容的理论分析框架。基于对相关文献的回顾与归纳，本书将目前社会网络理论的解释与应用的方式总结为：网络结构、网络关系和网络节点。伯特（Burt）作为网络结构理论的代表学者提出，处于网络中关键位置的个体或组织，能够在网络资源交换过程中占据优势，且拥有网络中资源、知识和技术的交换主导权。创新联盟的结构洞表现为，联盟成员间的连接断点，即成员间有联络意愿但是却不能保证联结必然发生，可能会出现联结关系的中断现象。从联盟整体的角度分析，成员间联系中断的区域被称为结构洞。结构洞能实现通过相对位置的优势方式给结点成员带来资源优势。在网络关系中，结构洞在社会网络关系中作为测度网络结构状态的重要变量；网络成员如果具有填补结构洞的能力，则可通过连接断点而在网络中获得竞争优势。此外，也可以通过构建新的连接关系或增强连接紧密度而增强网络竞争优势。

社会网络关系研究中联结强度理论是标志性成果，联结强调是结点间进行各种交换过程的依赖和紧密程度。根据联结强度的不同，网络成员之间的联结强度被格兰诺维特（Granovetter）划分为强联结和弱联结两个层次。经过研究，克拉克哈特（Krackhardt）等指出网络成员间高依赖度和凝聚力能够促进联盟成员互动与合作关系的强度。从联结强度的角度，汉森（Hansen）等指出强弱联结对社会网络的交换关注点不同，信息及知识的流动是强联结理论的研究重点，而网络资源的组织整合是弱联结理论的研究重点。此外，科尔曼（Coleman）等从社会资本视角对社会网络理论进行拓展，网络成员所拥有的社会资本多样化程度越高、资本规模越大，则嵌入新的社会网络的能力越强。

## 三、协同演化理论

德国物理学家哈肯（Haken）于20世纪60年代借助激光物理实验对系统演化过程进行研究发现，系统演化过程是从无序向有序转化的过程，由此开启了协同学理论研究。他认为不同的要素、不同层级的子系统组成自然界中各种复杂系统，各个要素之间的非线性作用引起子系统的演化，各个子系统之间通过相互影响和相互作用又推进了很系统的整体演化，使复杂系统从无序到有序、从低级到高级。系统演进及与外部环境的交换同步，这种外部环境交换的载体为物质流、信息流和能量流。

协同学倡导采用系统理论解释复杂现象，对复杂系统内部的系统结构进行剖析，通过分析系统中各个子系统之间的协同作用，探究系统由无序向有序状态或由低级阶段向高级阶段的演进过程。协同学理论将复杂系统归纳为微观、中观和宏观三个层面的因素。从区域创新网络来看，一种要素组合可以由研发资金、研发人才等创新资源形成，也可以由政府、企业、大学等创新主体组成，区域创新网络则由多种要素组合而成。非线性的作用可以在系统要素或子系统作用过程中产生，从而形成特殊功能系统；非线性相互作用也会在子系统之间产生，在这样的情景下，宏观层面的动态有序系统就此演化而成。

基于协同学理论的发展，物理、生物、经济管理以及社会学等领域广泛地应用到该理论，同时由于与序参量理论及支配理论的融合，协同学理论体系得到不断完善。本书通过协同理论分析创新网络的子系统的演进过程，观察创新网络中企业合作研发的协同效应。

## 四、组织学习理论

在 20 世纪 70 年代，阿基里斯（Argyris）等提出组织学习理论并将组织学习界定为诊断并改正组织错误的过程。组织学习的概念源于个体学习的概念，但组织学习强调的是组织活动的过程，应与个体学习行为相区别。在组织学习的相关研究中，很多学者基于不同视角或背景建立组织学习模型，如"意义结构学习模型""五项修炼学习模型""单双循环模型""组织经验学习模型"等。

国内外学者对网络中组织学习进行研究发现，在边界明确或相对静止的组织网络中知识交流效率低，只有通过提升组织流动性和进化速率才能促进组织学习的发生。在可能发生合作研发关系的网络组织中，企业、供应商、科研机构、高等院校以及客户都可能成为组织学习的参与方，彼此间产生知识交流与转移。知识转移的一条较好途径就是通过联合行业核心企业或创新能力强的科研机构进行合作研发，进而获取所需的知识和资源。因此，创新网络中的组织个体获取有价值的知识资源的途径众多，合作组织间的学习、行业网络知识外溢学习是最常见的两种形式；行业组织学习互动越频繁，则个体组织竞争优势得以提升，且行业网络知识整合效率提高。

目前组织学习理论并不完善，尤其在理论统一性方面；国内外学者试图将认知理论、组织文化理论及组织行为学理论融入组织学习理论中，但由于组织学习理论本身的概念界定和理论框架的不完善，导致组织学习的操作、监督和管理控制难以实现，缺乏实践指导意义。

# 第三章

# 创新网络中企业研发模式的识别与选择

在激烈市场竞争的背景下，创新网络中的企业进行研发模式选择前首先要进行研发模式的识别，并从研发模式形成的理论依据中探究其特点和适应性。进一步从静态和动态视角分析创新网络中的企业如何进行有效的研发模式选择。从静态视角，本章探究创新网络中企业创新模型选择的影响因素；从动态视角，本章依据企业在创新网络中不同发展阶段研发模型的选择进行分析。

## 第一节　企业研发模式的理论分析与识别

### 一、企业研发模式的理论对比分析

企业研发模式的发展与形成过程的本质驱动力为现代理论的发展。不同理论支撑企业不同研发模式的形成，并决定其研发效果。本节分别从委托代理理论、不完全契约理论和组织资源理论视角对企业研发模式的形成与发展进行对比分析。

#### （一）基于委托代理理论的企业研发模式

委托代理关系建立的基础是专业化技能或能力的存在。外部环境中的某一方掌握某种专业技能时，就具备了称为代理方的优势，同时对该种专业技能的需求方称为委托代理关系中的委托方。委托代理关系可以界定为委托人与代理人之间的契约关系；在这种关系中，单一或多元主体通过显性契约或隐性契约，指定或雇用掌握专业技能的行为主体为其提供特定服务并支付相应报酬。

基于委托代理理论，企业研发突破了自主内部研发模式的限制，形成了委托研发的研发模式。企业作为被委托人提出研发的目标，并提供研发所需资金；这部分资金既包括研发资金也包括代理研发方的利润；受托进行研发的组织作为代理人，按照委托研发要求调动资源和人力研发符合委托人需求的技术产品。从企业在研究与开发活动中参与的程度来讲，委托研发模式中企业完成不参与研发活动，整个研发活动由代理人组织进行。从研发成果所有权及风险分担角度来看，委托企业唯一享有研发成果，委托代理双方按合同约定分担研发过程的风险。委托研发模式的优势在于能够有效利用外部资源，降低企业研发成本并减轻企业研发负担；企业在获得研发成果的同时可以通过委托代理合同转移部分研发风险。

从企业与研发技术成果提供者的合同关系角度分析，委托研发与技术购买存在本质区别。委托研发模式下，企业与研发技术成果提供者是委托代理关系，委托人的委托要求先于研发技术成果，而技术购买的标的为已有技术成果。委托研发的技术成果按企业特性研发更符合企业需求，但同时存在研发失败的风险，而技术购买的风险及成本相对较低。

## （二）基于不完全契约理论的企业研发模式

不完全契约理论以人的有限理性假设为前提，在信息不对称和交易不确定环境中通过契约对权利和义务进行完全约定是不可能的。不完全契约理论的研究对象是合约中无法进行约定的那一部分控制权及决策权。起初不完全契约理论中的控制权及决策权是针对物质资产所有权，但时代条件变迁使得不完全契约理论也可以用来解释信息资产、技术资产和知识资产中的剩余控制权和决策权的问题。

从不完全契约理论视角进行分析，企业研发模式中合作研发和委托研发以契约关系为基础。合作研发各参与主体之间存在信息不对称性，在资源投入、风险分担和共享成果等方面存在信息的不对称和为占用剩余控制权和决策权而出现的投机行为。不完全契约理论的产生是基于对交易成本理论的批判性发展,从交易成本理论出发对企业研发模式选择策略的研究多关注资产的专用性、环境的复杂性和不确定性,以及交易参与者的信用关系。格洛伯曼等基于交易成本理论对企业合作研发出现的原因和合作研发模式发展的过程进行了解释。格洛伯曼等通过企业层、市场环境和创新进行研究,发现企业在创新过程中发生的交易成本呈现不断增大趋势,其原因在于企业研发模式决定了资源配置的成本不同。此后,布洛克浩夫(Brockhoff)等通过对企业研发内容、研发模式及交易成本进行比较分析,研究发现企业研发任务内容与研发模式的选择密切相关,而交易成本的类型在上述两种关系中存在中介效应。此外,还有学者通过研究发现,资产专用性越强且市场环境越不确定,企业选择内部研发的概率越大于合作研发。由此可见,不完全契约理论和交易成本理论从一个全新的理论视角对企业研发模式的形成与发展进行了解释和预测。

## (三) 基于组织资源理论的企业研发模式

组织资源理论属于企业战略理论的范畴,可以从组织资源理论视角对企业研发模式的选择进行解释。组织资源理论认为组织用于各类有形资产和无形资产,组织的运行依赖于对这些资产进行整合和利用;进一步拓展该理论发现,组织除了可以整合利用自身资源外,还可以通过各种方式借助组织外部网络的资源。布蒂(Bouty)等研究发现,企业要提升核心竞争优势必须依赖企业所能支配的专有性强、稀缺的、非替代性的资源。

从组织资源理论视角出发,企业通过研发活动产生技术创新成果以保持企业发展的过程中,知识和创新能力无疑将成为企业最为专有、稀缺的和非替代性的资源。于是,在该类核心资源的寻求过程中企业的研发模式发生了变化。因此,如果企业本身具备用于提升企业创新能力等这些专有、稀缺的和非替代性的资源,企业完全可以选择内部研发的模式。然而,事实上企业在复杂和不确定的环境中不可能一直拥有最为优势的研发资源,所以合作研发、研发联盟、委托研发等能够实现知识和创新能力互补的研发模式应运而生。凯思曼(Cassiman)等对企业研发模式与企业间资源互补的关系进行研究，发现企业间资源互补程度显著影响企业研发模式的选择，企业对外部资源控制及吸收能力强时，企业倾向于选择合作研发。

## 二、企业研发模式的分类法对比分析

本节对企业研发模式界定为，企业在进行研究和开发活动时采用的标准样式。现有的研究多将企业研发模式视为企业获得创新技术的方式。国内外学者从不同视角对企业研发模式进行了分类和识别。

李（Lee）等根据企业获得技术的方式将研发模式划分为自制模式、购买模式、自制与购买结合模式及为自制的购买模式；自制模式和购买模式为单一模式，而自制与购买结合模式及为自制的购买模式均为结合模式；结合的研发模式是企业常采用的研发模式，其优势体现在内外部资源的整合，尤其是为自制的购买模式成为企业创新的学习形式；詹姆斯（James）等认为企业在创业初期通过内部研发方式取得技术，除此之外企业获得技术的其他方式都称为外部研发；阿贝尔（Abel）等在前人的研究基础上将企业获得技术的外部获取方式又加以细分为：技术购买和合作研发；拉切泰拉（Lacetera）等将企业获取技术的方式分为两个大类即内部研发和外部研发，其中内部研发是只通过内部技术和资源整合再造创新，而凡是利用和借助外部组织资源和技术进行创新活动的都被视为外部研发。国内多数学者从组织合作视角对企业研发模式进行分类比较。例如，叶永玲等基于合作博弈理论对企业研发模式进行比较研究，将企业研发模式分为自主研发、自私代理和合作代理研发，通过博弈分析得出结论为合作代理研发为最优的研发模式。

由于研究目的的不同，国内外学者对企业研发模式分类主要有两个趋势：一是归纳聚类；二是类型细分。本书依据国内外学者的相关研究对企业研发模式进行比较归纳，按分类数量分为二分法、三分法、四分法和六分法，并依据分类内容、概念界定和分类依据进行对比分析，见表 3 - 1。

表 3 - 1　　　　　　　　　　　　企业研发模式分类

| 分类数目 | 分类内容 | 概念界定 | 分类依据 |
|---|---|---|---|
| 二分法 | 内部研发 | 企业依靠自身所拥有的资源和能力获得技术 | 研发所需资源和组织能力的归属者 |
| | 外部研发 | 企业借助外部组织的资源和能力获得技术 | |
| 三分法 | 内部研发 | 企业依靠自身所拥有的资源和能力获得技术，且完全无外部组织参与 | 企业在研究与开发活动中参与的程度 |
| | 合作研发 | 企业与外部组织协作进行研究与开发活动 | |
| | 技术购买 | 企业完全不参与研发活动，而根据自身技术需求，在外部市场中选择其他组织提供的已有技术产品，并订立采购合约 | |
| 四分法 | 内部研发 | 企业依靠自身所拥有的资源和能力获得技术，且完全无外部组织参与 | 企业在研究与开发活动中参与的程度 |
| | 合作研发 | 企业与外部组织协作进行研究与开发活动 | |
| | 委托研发 | 企业提出研发目标，与外部组织订立委托合同，委托其进行研发活动并完成研发目标 | 企业与研发技术提供者的合同关系 |
| | 技术购买 | 企业完全不参与研发活动，而根据自身技术需求，在外部市场中选择其他组织提供的已有技术产品，并订立采购合约 | |
| 六分法 | 内部研发 | 企业依靠自身所拥有的资源和能力获得技术，且完全无外部组织参与 | 企业在研究与开发活动中参与的程度 |
| | 合作研发 | 企业与外部组织协作进行研究与开发活动 | |
| | 研发联盟 | 企业或组织间通过正式或非正式的协议约定共同进行技术研发，地位平等共享研发成果并共担研发风险 | 参与研发活动企业或组织间关系 |
| | 企业并购 | 企业收购其他企业而占用外部组织的无形资产 | |
| | 委托研发 | 企业提出研发目标，与外部组织订立委托合同，委托其进行研发活动并完成研发目标 | 企业获取外部组织研发成果的方式和策略 |
| | 技术购买 | 企业完全不参与研发活动，而根据自身技术需求，在外部市场中选择其他组织提供的已有技术产品，并订立采购合约 | |

　　内部和外部研发的二分法，除了依据研发所需资源和组织能力的归属者分类外，还受到企业经营特点中内部与外部联系密切程度的影响。企业

研发模式中的内部研发构成相对简单，可以理解为企业自身能力的运营和内部资源的整合与再造；然而，企业外部研发的模式则依据引入外部组织及资源程度、借助外部组织技术的目的，以及研究目的的不同被进一步细分，演绎得出企业研发模式的三分法、四分法及五分法。企业研发模式三分法是依据企业在研究与开发活动中参与的程度将外部研发细分为合作研发和技术购买；四分法则根据企业与研发技术提供者的合同关系，提出与技术购买相并列的委托研发模式；六分法，一方面依据参与研发活动企业或组织间关系，提出与合作研发并列的研发联盟；另一方面依据企业获取外部组织研发成果的方式和策略，提出企业并购、委托研发和技术购买三种并列的研发模式。

国内外学者多从成本与契约视角、组织资源视角和企业研发活动参与程度视角对企业研发模式进行分类和识别，目的是在资源有限和资源竞争的环境中，探究如何对资源进行整合利用，降低研发成本的同时提高优势资源的效率，以使得企业能够进行技术创新并确保创新的动力。本书基于社会关系理论和创新网络理论，从研发活动参与主体的视角对企业研发模式进行分类和识别。

## 三、基于参与主体的研发模式分类与识别

### （一）参与主体不同的研发模式分类

企业研发活动的目的是获取创新的技术成果。依据参与研发活动并创造技术成果的主体数量，将研发模式分为单一主体研发和多元主体研发两个大类。可能进行研发活动的主体包括：企业、科研院所、高等院校、行业协会和政府机构，其中，企业作为研发主体要进一步区分为研发需求企业和研发供给企业。多元主体合作研发是指企业与外部组织协作进行研究与开发活动，外部组织包括其他企业、科研机构、高等院校、行业组织和政府部门；合作研发以共同的创新目标为基础，共同分享研发成果，并共同分担高额研发投入和创新结果不确定性等风险；合作研发的参与主体之间一般通过订立契约来约束彼此行为，既能够降低研发过程中的交易成

本，也有利于组织资源优化与互补。

## （二）参与主体不同的研发模式识别

基于上述分类，进一步对企业研发模式进行识别。第一类是单一主体研发：单一主体为研发需求企业或研发供给企业；由研发需求企业进行研发产出技术成果为内部研发，企业基于股权赋予的所有权享有研发成果；由研发供给企业独立进行研发并产出技术成果，研发需求企业通过委托合同获取技术成果的称为委托研发；研发需求企业通过购买合同获得技术成果的称为技术购买。第二类是多元主体研发：企业间合作研发的情况中依据关系不同又分为企业合作研发、研发联盟和企业并购，分别对应企业间关系为契约关系、协议关系、股权关系；企业与政府通过研发协议形成政企合作研发模式；企业、科研院所及高等院校通过契约关系形成产、学、研合作研发模式。

企业间合作研发的三种模式的差异在于参与研发活动多元主体的紧密程度不同。在三种模式中，企业间合作研发和企业并购存在以股权关系形成的研发实体，而企业研发联盟一般以协议关系为基础未形成实体式研发合作。存在股权关系的研发实体以独立组织结构和运行制度为依托，实现多元研发主体之间目标与利益的协调；该类研发合作实体能够避免机会主义行为对总体目标和利益实现的负面影响，但由于实体的管理与运作会发生相应的费用而使得该类研发模式的研发成本较高。此外，存在股权关系的合作研发实体需要多元主体共同决策和管理，于是日常运作流程烦琐复杂不但削弱了实体的灵活性，还降低了合作研发实体抵御研发风险的能力。

相比之下，以契约或协议关系为基础的非实体合作研发模式管理费用和研发成本相对较低；该研发模式中的多元主体按契约和协议分别承担各自义务并分担研发风险，各自独立进行日常研发运营无须联合管理和决策，使得非实体研发模式具有较好的灵活性和较强的抵抗风险能力。但其弊端在于多元参与主体间的目标和利益易出现矛盾和冲突，进而引发机会主义行为的出现（见图3-1）。

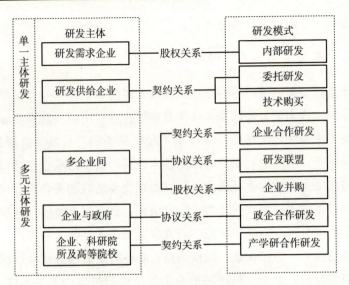

**图 3 - 1　企业研发模式分类识别**

# 第二节　企业研发模式选择策略的影响因素

## 一、企业研发模式选择的影响因素

### (一)　企业研发模式选择影响因素的分类与识别

通过前面的文献综述归纳出企业研发模式选择影响因素共为两大类五种，其中，内部影响因素为企业组织柔性、组织学习能力、研发技术溢出；外部影响因素为行业技术更新速率和行业政策变化率。

企业内部组织柔性在本书中被界定为企业为适应市场创新环境要求，主动进行研发，并能够灵活地协调内外部资源与关系的能力。组织柔性能提高组织内外部资源的利用率，降低企业研发成本和交易成本，从而降低企业创新风险。一方面，从外部创新环境适应性角度分析，企业组织柔性与企业创新能力为正相关关系；另一方面，从企业内部控制机制和外部环境的动态变化角度分析，企业组织柔性与企业创新能力呈现倒"U"型变化趋势；因此，企业组织柔性的变化影响企业对研发模式的选择。

组织学习能力的强弱会影响企业研发模式的选择。知识及知识的运用是创新技术研发的原动力。企业进行创新研发所需要的知识包括企业自身的和从外部组织中学习的两个部分。企业吸收外部知识，与自身所有的知识进行整合，并在新的环境和条件下运用这些知识的能力影响着企业对研发模式的选择。一般认为，企业吸收、整合和动态应用知识的能力强，则内部自主研发的成本降低；反之，如果企业组织学习能力较弱，则只能通过引入研究合作者来补充知识和能力的不足。但是，组织学习能力低会影响到组织在合作研发联盟中的地位。因此，选择不同研发模式适应不同组织学习能力水平只是一种条件策略，企业努力提升组织学习能力才是确保创新活力的关键。

研发技术溢出水平高低体现出企业投入研发得到创新成果受到产权保护的程度和创新成果被模仿的难易度。企业会根据技术溢出水平来决定研发投入量和研发模式的选择。一般认为，创新成果能够得到产权保护程度高且创新成果难以被模仿，企业加大投入组建内部研发团队的意愿会提高。相反，如果创新成果得到产权保护程度低且创新成果易于被模仿，企业会尽量控制研发成本支出，寻求低成本、低风险的研发模式。由于产业关联性的存在，研发成果技术溢出是不可避免的。技术溢出水平影响企业研发模型选择决策的过程，同时企业也能够通过选择适当的研发模式来对技术溢出进行控制。由此可见，技术溢出水平与企业研发模式选择产生相互作用。

技术创新和行业竞争的市场环境中，行业技术更新速率越来越快。但是，不同行业间新产品与技术的创新速度、产品研发必要周期的长短以及产品和技术本身的寿命期都存在一定的差异。这就决定企业所处行业技术更新速率的快慢将对企业研发模式的选择产生影响。企业研发创新成果和技术在行业中的优势丧失速度较快的情况下，企业则倾向于寻求研发合作伙伴以实现研发成本和研发风险的共担；相反，当企业研发的产品和技术在行业中的领先优势持续时间较长，企业独立加大研发投入并组建内部研发团队的意愿会提高。

行业政策是制度环境的具体化。行业政策变化程度通过影响企业资源投入意愿和组织研发机制设计，进而影响企业研发模式的选择。行业政策变化程度与企业对市场预测的准确程度相关；企业产品和技术的开发都以市场需求为准，如果行业政策变化程度低则企业对市场预测的准确程度高，从而企业研发风险较低，企业会倾向采取加大研发投入并组建内部研发团队的策略；相反，如果行业政策变化程度高则企业对市场预测的准确程度低，企业则倾向于寻求研发合作伙伴以实现研发成本和研发风险的共担，或直接委托其他组织进行研发。

（二）影响企业研发模式选择的关键因素

本书通过半结构化专家访谈对识别出的影响企业研发模式选择的因素，包括：企业组织柔性、组织学习能力、研发技术溢出、行业技术更新速率和行业政策变化率，进行再次筛选。通过15位来自企业研发管理部门的管理者3轮打分，并通过模糊综合评价方法计算每个影响因素的综合得分，根据得分对影响企业研发模式研究的因素进行排序，对研发模式选择影响程度由强到弱为：研发技术溢出、企业组织柔性、行业技术更新速率、组织学习能力和行业政策变化率。此后，依据综合得分排序结果进行专家回访。结合专家意见得出如下结论：首先，企业外部环境因素对企业研发模式选择的影响日益加强，尤其是行业技术创新的速度；其次，研发技术溢出水平仍然是对企业研发模式选择的影响最大的因素；最后，企业进行研发模式选择是以内部影响因素为首要考虑。

## 二、企业研发模式选择的依据与流程

（一）企业研发模式选择的依据

### 1. 与企业发展战略相符

产品和技术的持续创新是确保企业核心竞争力的有效策略。因此，企业研发模式要与企业发展战略相匹配。企业能够持续发展的动力在于掌握专有性知识，于是构建学习型组织成为很多企业发展战略的核心部分；研究与开发活动的过程与企业知识的运用与积累具有同步性。因此，研发模式及策略的选择与企业发展战略相符，则能更好地促进企业知识学习能力和知识管理能力的提升。

**2. 生产成本及交易成本的控制**

从资源效应角度分析，成本是决定企业策略选择的关键因素。企业有效利用内部资源，并协调外部资源有效配合，以实现研发过程的资源互补。企业选择研发模式的过程中要对投入的生产成本和交易成本进行评估。一方面，企业要尽量降低研发成本和研发过程中组织协调所需的交易成本；另一方面，因为企业研发活动的可持续性，企业所选择的研发模式要利于企业进行成本控制。

**3. 研发收益最大化**

企业进行研发活动的根本目的在于获得收益，因此，企业所选择的研发模式一定要易于实现收益最大化。不同的研发模式下参与方的优势存在差异，各种追求收益最大化的过程必然出现矛盾冲突，进而影响到研发的效率。因此，单个企业的收益最大化从整个行业角度看并非最优，而合作研发模式的各参与方的整体收益实现最大化能够更好地体现协同效应优势。例如，研发联盟模式的创新绩效评价时要以参与方的整体收益最大化和创新网络效率作为评价依据。

（二）企业研发模式选择的流程

企业研发模式选择的流程分为三个主要环节，即行业环境分析、内部资源与能力评估和研发模式比选。

行业环境分析主要包括行业政策、行业技术更新和行业竞争者三个方面。行业政策决定行业内企业的结构及企业发展战略的制定；行业政策作用于企业整体决策和顶层设计，从而影响企业的整体研发策略选择；行业技术更新速率影响企业创新的积极性，更新速率快的行业中企业必须选择有利于提高创新周期的研发模式；企业发展战略既受到行业环境因素影响，又是企业研发模式选择的依据；在企业发展战略指导下进行研发模式选择有利于企业创新的可持续。

企业内部资源评估包括物质资源、技术资源和关系资源评估；例如，企业物质资源和技术资源在行业中具有明显优势，那么选择内部研发模式有利于降低技术溢出水平；如果企业关系资源相对优势显著，则合作研发将是明智的选择。企业能力评估包括企业学习能力和企业知识管理能力评估。具有较高组织学习和知识管理能力的企业，在研发模式选择中具有主动权，无论哪种研发模式都是知识运用和积累的过程。

在外部环境和内部评估基础上，对各研发模式的收益进行预测。对各研发模式的收益进行预测的关键是准确性。合理地进行外部环境和内部评估能够确保预测的准确性。进而通过各种研发模式成本与收益的比较，选择均衡收益最大和均衡成本降低率最高的研发模式。

## 三、企业研发模式的选择策略

基于上述从研发参与主体视角对企业研发模式的分类识别，本书对内部研发模式、委托研发模式、企业合作研发模式和产、学、研合作研发模式四种的选择进行均衡收益和均衡成本降低率的对比分析。同时，从企业处于创新网络环境中，基于关键影响因素识别，本书选取企业研发模式选择的三个关键影响因素，企业组织柔性、技术溢出和行业更新率作为参数。上述三个参数中，企业组织柔性刻画了企业在创新网络环境中组织内外部调节和适应能力；技术溢出刻画了某行业企业群创新网络中创新技术在行业中彼此借鉴的程度；行业更新率刻画了行业创新网络的活跃程度。此后，通过博弈分析得出企业研发模式的选择策略。模型的限定条件包括：模型中参与主体边际成本相同；技术溢出和行业更新率为外生变量；企业以单位产品均衡成本和均衡收益率作为衡量标准进行研发模型选择；模型中参与方的数量小于等于三个。

### （一）分析模型构建

行业内选取两个生产范围相同的企业，构建其需求函数的反函数表示为：

$$P = a - b(Q_i + Q_j) \tag{3-1}$$

其中，$i$，$j$ 分别代表两家企业；

$Q_i$ 和 $Q_j$ 分别代表两家企业的产出量；

$P$ 为行业中产品价格。

设定 $X_i$ 为产品成本降低率，该降低率与企业研发资本投入、企业内部组织柔性、外部企业的技术溢出水平及行业更新率相关，于是第 $i$ 家企业的成本降低率表示为：

$$X_i = \alpha x_i + \beta z_i^m x_j \qquad (3-2)$$

其中，$\alpha$ 代表企业内部组织柔性；

$\beta$ 代表行业技术溢出率；

$z_i$ 代表行业技术更新速率。

企业研发投入资本和资源的目的是降低产品单位成本，则通过研发降低后的边际成本函数为：

$$C_i = C - \alpha x_i + \beta z_i^m x_j \qquad (3-3)$$

其中，$C$ 代表初始的单位成本。

设第 $i$ 家企业的研发投入为 $Y_i$，则 $Y_i$ 的收益有规模递减趋势：

$$Y_i = \frac{r}{2} x_i^2 + \frac{\gamma}{2} z_i^2 \qquad (3-4)$$

其中，$r$ 和 $\gamma$ 为研发投入的参数。

## （二）模型的求解

假设为古诺竞争市场，企业需要以收益最大化为目标，则收益函数：

$$\begin{aligned} \pi_i &= (P - C_i) Q_i - Y_i \\ &= \left[ a - b(Q_i + Q_j) - C - \alpha x_i + \beta z_i^m x_j \right] Q_i - \left( \frac{r}{2} x_i^2 + \frac{\gamma}{2} z_i^2 \right) \end{aligned} \qquad (3-5)$$

四种企业研发模式：内部研发模式、委托研发模式、企业合作研发模式和产、学、研合作研发模式的均衡收益和均衡成本降低率存在差异，求解如下：

内部研发模式下，企业单独进行研发资源的投入量 $Y_i$，在成本降低率为 $X_i$ 时收益最大为：即 $\pi = \max_{x_i} \pi_i$ 时一阶导数为零，则：

$$X_i = \frac{2 - \beta z_i^m}{4.5r - (2 - \beta z_i^m)(1 + \beta z_i^m)} \qquad (3-6)$$

$$\pi_i = \frac{r}{2} \frac{4.5r - (2 - \beta z_i^m)}{[4.5r - (2 - \beta z_i^m)(1 + \beta z_i^m)]^2} \qquad (3-7)$$

委托研发模式中，企业受到受托方研发能力等条件制约；企业提出研发目标，与外部组织订立委托合同，委托其进行研发活动并完成研发目标；整个研发活动由受托方独立完成。企业收益函数及求解如下：

$$\pi_s = \frac{1}{9}[1 + (2 - z_i^m)x_i + (2z_i^m - 1)x_j]^2 - \frac{r}{2}x_i^2 + \frac{\gamma}{2}z_i^2 \qquad (3-8)$$

$$\pi_s = \frac{r}{2} \frac{4.5r - (2 - z_i^m)^2}{[4.5r - (2 - z_i^m)(1 + z_i^m)]^2} \qquad (3-9)$$

企业间合作研发模式和产、学、研合作研发都属于合作研发的范畴，即多元主体参与研发，共同协调资源和技术等要素的投入，共同参与研发过程共享成果共担风险。但是合作研发中的技术溢出水平相对较高，尤其是企业间合作研发的模式。因此，合作研发实质是在参与方完成各自研发任务的基础上以实现均衡收益最大为目标。收益函数求解：

当 $\pi = \max_{xi} \sum_{i=1,2,3} x_i$，

$$\pi_t = \frac{2}{9}[1 - (2 - \beta z_i^m)x_i + (2\beta z_i^m - 1)x_j]^2 - \frac{r}{2}x_i^2 + \frac{\gamma}{2}z_i^2 \qquad (3-10)$$

$$\pi_t = \frac{r}{2} \frac{1}{4.5r - (1 + \beta z_i^m)^2} \qquad (3-11)$$

## （三）研发模式选择的分析

从减低均衡成本的角度分析，企业组织柔性水平的临界值为 0.5，当组织柔性不低于 0.5 时，建议企业选择内部研发或委托研发；当组织柔性低于 0.5 时，建议企业选择企业间合作研发和产、学、研合作研发等合作研发模式。本书将企业组织柔性界定为：企业为适应市场创新环境要求，主动进行研发，并能够灵活地协调内外部资源与关系的能力。进一步分析，企业具有较强的灵活的协调内外部资源与关系进行研发的能力时，内部研发模式的交易成本最低，因此能够有效降低均衡成本；相反如果企业内部组织柔性较差，不能独立应对市场创新环境要求，合作研发模式或委托研发是企业理性的选择；其中，合作研发的均衡成本降低率大于委托研发。

从减低均衡成本的角度分析，企业技术溢出水平的临界值为 0.5，当

技术溢出不低于 0.5 时，认为研发过程的溢出水平较高，建议企业选择企业间合作研发和产、学、研合作研发等合作研发模式；当技术溢出低于 0.5 时，建议企业选择内部研发或委托研发。进一步分析，由于研发活动的外部效应引起技术溢出现象的普遍存在，企业研发的产品或技术易于被竞争者模仿时，合作研发模式是企业理性的选择；企业创新技术所耗费的成本和专利损失的风险可以由合作研发的参与者共同分担，有利于实现均衡成本的降低；相反，当企业研发的产品和技术的专有性较强而不易被模仿时，内部研发是企业最佳选择。此外，考虑企业自主研发的能力和研发成本最低化目标，当研发技术溢出水平较低时，委托研发将优于企业内部研发。

从减低均衡成本的角度分析，行业技术更新速率水平的临界值为 0.7，当行业技术更新速率不低于 0.7 时，认为企业研发创新成果的优势丧失速度较快；企业创新技术所耗费的成本和专利损失的风险可以由合作研发的参与者共同分担，有利于实现均衡成本的降低；因此，建议企业选择企业间合作研发和产、学、研合作研发等合作研发模式。当行业技术更新速率低于 0.7 时，企业研发的产品和技术的领先优势持续时间较长，建议企业选择内部研发或委托研发。

从最大化均衡收益的角度分析，首先，考虑研发技术溢出，合作研发模式比内部研发和委托研发更高效；因为合作研发过程中协同效应的资源技术互补和外部效应内部聚会等优势得到充分体现；其次，在技术溢出水平一定的条件下，企业内部组织柔性水平高时，内部研发模式为最高效；最后，在技术溢出水平和企业内部组织柔性水平一定的条件下，行业技术更新速率越高越倾向于选择合作研发模式。

## 第三节　创新网络中企业发展阶段与研发模式选择的动态分析

### 一、创新网络中企业的发展阶段划分

创新网络中企业的发展阶段依据企业生命周期理论进行划分。国内外

学者对企业生命周期进行了不同划分。一般认为，企业生命周期划分应考虑的因素包括经济指标、行业特性和企业经营类型等评价参数；然而，生命周期划分指标的上下界限和指标数值难以确定，很难在对企业生命周期的划分上形成统一认识。本书后续研究关注企业在不同生命周期的阶段研发策略选择的区别。研发策略的选择与企业经营状况密切相关，因此本书选取能反映企业经营状况的指标对企业生命周期进行划分。

本书通过文献归纳选取三个反映企业经营状况的指标作为企业发展阶段划分的量化指标，包括：经营收入增长率、现金流量变化率和经济增长值。

企业经营收入增长速率能使企业盈利能力得到直接反应，同时反映企业价值增长。一般通过市场销售能力指标信息来量化，例如销售收入。在企业不同发展阶段其营销能力有明显差异进而导致销售收入的变化。例如，在企业进入期是销售收入的较低点，到成长期会迅速攀升，达到成熟期会处于平缓增加状态，最终随着进入企业衰退期而下降。经营收入增长率在企业发展不同阶段差异明显，适于作为标识企业发展阶段的评价指标。现金流量变化率反映企业流动资产循环使用的效率。作为维持企业经营活动和调控经营风险的手段，持续稳定的现金流量尤为重要。从企业发展阶段看，现金流量变化率呈现明显变化趋势，一般情况下企业进入期和成长期现金流量变化率波动较大，成熟期时现金流量处于中位或高位但波动较小，企业衰退期现金流量处于低位小幅波动。现金流量变化率在企业发展不同阶段差异明显，适于作为标识企业发展阶段的评价指标。经济增长值反映企业盈利情况，是扣除股权和债务成本的税后利润。经济增长值在企业发展不同阶段差异明显，适于作为标识企业发展阶段的评价指标。此外，其他研究中也提出相应划分企业发展阶段的指标及其关系，如表3-2所示。

| 表3-2 | 企业发展阶段划分指标 | |
|---|---|---|
| 指标 | 含义 | 公式 |
| 资产总额 G | 企业可支配的资产总量，表征企业经营规模 | $G = f(t)$ |
| 无形资产 I | 企业无形资产的价值，反映企业营业潜力 | $I = f(t)$ |

| 指标 | 含义 | 公式 |
|---|---|---|
| 销售收入 R | 企业经营期内取得的收入，反映企业营销能力 | $R = f(q, p, t)$ |
| 净现金流量 NPV | 现金流入与现金流出的差额，体现资金运作能力 | $NPV = f(t)$ |
| 生产成本 C | 企业生产产品或提供服务的总成本 | $C = f(产量, t)$ |
| 总利润 L | 经营期内的收益总量，反映企业盈利能力 | $L = f(t)$ |
| 研发投入 R&D | 经营期内的技术创新投入，反映技术创新情况 | $R\&D = f(t)$ |

进入期的企业处于进入行业市场的第一阶段，各项生产经营活动处于起步期，具有明显的阶段特征：（1）市场开拓作为企业的主要任务，具体措施包括企业品牌宣传和市场销售渠道开拓。（2）总利润率低于行业平均值。导致该阶段利润低的原因，一方面，企业品牌效应没有实现，市场占有率低；另一方面，市场开拓的营销费用、管理费用等过高。（3）高层管理人员的影响力大；进入期企业各类资源不足，运营能力和市场开拓成果主要由企业创始人和高层管理人员的能力决定；该阶段企业经营效果受到高层管理人员的影响大。（4）高度依赖股本资金；该阶段资金主要投入产品研发和市场开拓阶段，相关盈利能力的财务指标较低，难以大量融通资金，只能依赖股本资金经营。

成长期的企业已经初步建立了品牌影响力并稳定占据一部分市场份额。该阶段企业面临的挑战为企业规模扩张和市场占有率提升。其中，经营方式调整、产品及技术创新、成本降低等方面的需求迫切。其显著特征：（1）企业现金流逐步趋于稳定，不但能够满足生产经营需要，而且企业利润率逐步提升；（2）企业品牌形象基本确立，市场份额逐步提升，经营效益良好，企业融资方式多样化并主要依靠外部资金；（3）企业经营风险增加；高速增长伴随风险的增加，企业应不断提高风险防控和应对能力。成长期的企业业务和经营状况良好且未来提升潜力不确定，因此，成长期是企业发展过程中的最佳融资阶段。该阶段企业初始股权投资稳定不再增长，企业凭借资信进行外部债务融资，同时企业偿债能力的稳步提升也使得融资渠道不断拓展。

成熟期企业在行业中已处于核心地位，企业技术水平、经营能力、市场份额等方面都具有明显的行业优势，且在行业中具有一定的影响力。企业品牌形象已被广泛认可，品牌价值优势明显，因此，不但经营收入稳定，且抵御市场经营风险的能力强。企业在该阶段常通过并购等方式争取行业市场的垄断地位。该阶段的显著特点如下：（1）市场占有率领先，销售份额大，但产品销售的边际收益降至较低水平；（2）企业在行业中具有示范效应，具有行业规则制定的话语权，且企业管理体制及生产技术完善而成熟；（3）着力争取行业垄断优势，拓宽融资渠道，并通过技术创新寻找新型业务增长点。在融资渠道拓展方面，虽然成熟期的企业融资渠道多样，但易于出现过度融资现象导致破产成本上升。为了丰富企业资本运营方式，分散经营风险，该阶段企业迫切需要开拓新的业务领域和投资机遇，因此，创新研发活动是该阶段企业最为重视的内容。

衰退期的企业往往是在企业成熟期阶段没能开拓新的业务领域，又无法在原有经营领域保持优势的企业。处于该阶段的企业特征如下：（1）业务经营模式单一，业务量萎缩，经营风险增加；（2）企业创新能力弱，过度依赖原有技术成果，随着技术逐步落后而市场占有率下降；（3）管理水平和盈利能力下降导致创新研发活动无法开展。

处于衰退期的企业，由于业务经营、盈利能力和企业实力的下降，财务资信度随之降低，企业无法开拓新的融资渠道，导致资本结构再次向股权资本回归。处于该阶段的企业一方面要积极地拓展新的业务增长点；另一方面要调整企业投资方向，从而转移并分担市场经营风险，以缓解衰退期导致的负面影响。

## 二、企业研发模式策略的调整

每个企业在它的生命周期的各个阶段都要面临一些问题，它是企业通过自身的能力从而能够解决的问题，企业可以靠作出决定和采取措施来解决这些问题，直到这些正常问题得以克服之后，企业才会转型到下一个生命阶段。就前面关于企业生命周期的叙述中，笔者能够清晰地了解到企业处在生命周期中的不同阶段所具有的特征和存在的问题。

为促使企业在进入下一个生命周期阶段能够更为平稳、快速，我们需考量所选择的研发模式不但能为企业带来技术进步和收益，而且还要能够解决企业处在生命周期的各个阶段所能遇到的正常问题。

（一）进入期企业研发模式

传统产业最为适宜的选择就是模仿创新模式，这一点是毋庸置疑的。主要因为企业起初创立时受到资金短缺，技术水平匮乏，人员、设备的不足以及生产产品暂时未得到整个市场的认同的影响。这一选择不但成功概率较高，生产的成果能够快速投入市场中去为企业带来效益，进而使企业初期发展进程中所遇到的资金短缺问题得到缓解，而且还具有投入少以及风险低的优点。

（二）成长期企业研发模式

企业在步入成长期之后能够快速成长起来，这时的企业不但资金资源变得逐渐充足，占据了一定的市场份额，技术水平以及设备、人才资源逐渐积累起来，与初生期的企业相比都有着显著的提升。而就进入成长期不久的企业而言，主要应该发展技术转让、产学研合作等一系列非实体式技术合作创新。一方面，此类合作创新能够有效避免盲目扩张，遏制企业处在成长期盲目性的发展，且具有可控制性、可预测性以及目标明确的特点。另一方面，在此时期的企业的管理体制以及组织结构并没有建立起来，只具备基本的研发能力。企业应将部分注意力放在企业内部环境的建设上，尽早提高企业高校配置资源的能力。同时可以将产学研合作和技术转让等形式的技术创新的主体部分交由高校以及科研机构承担。

（三）成熟期企业研发模式

企业通过经历一段时期的高速发展之后，其能力以及资源方面都大幅提升，从而使企业的核心竞争力初步形成，进而逐步开始从成长期过渡到成熟期。此时的企业可以凭借扩散效应掌握先进的技术以及管理方式向在市场中占据主导地位的大企业学习，借助同其他企业合作的机会来审核自身管理协调能力，同时根据集群合作等企业间通过合作创新模式。除此之外，就一些企业而言，拥有一定技术创新能力的同时进行技术创新也是不错的选择，以技术创新为基础逐渐确立企业的核心竞争力，进而拥有更加持续的竞争优势。

企业自身的自控力以及灵活性在某一阶段达到一种平衡，这是企业发展中最为理想的阶段，也就是企业的成熟期。在这一时期的企业已经拥有健全的组织结构、完善的规章制度以及较为雄厚的实力，企业处在成熟期时，管理发挥着极其重要的作用。企业对于各类技术创新模式包括核心技术的创新都可以自由的选择。

经由成长期的高速发展过渡到平稳发展阶段的成熟期企业，其核心竞争力已经是非常明确的。这时强化自身的核心竞争力，加强在整个市场中的竞争、地位优势以及持续的创新技术活动是企业的主导工作。因而，企业发展态势较好时应积极主动地把企业的发展方向引向自主创新。一方面，自主创新不仅可以有效地带动企业的健康成长和持续发展，同时还可以使企业嵌入产业集群以及国际供应链，从而在全球经济中拥有一席之位。另一方面，自主创新能够增强进取心，长期拥有创新精神还能够使企业监督自身，查找自身不足，进而防止企业因为创新精神的减退而步入衰退期的情况发生。

# 本 章 小 结

本书为企业进行研发模式选择，探究研究和开发的模式和特征，从研发参与主体的视角进行模式和特征分析；归纳影响企业研发模式选择的关键因素，为企业研发模式选择决策提供借鉴。企业研发模式的类型有哪些；各研发模式间的内在关联；影响企业研发模式选择的关键因素；企业研发模式与企业特征和企业发展阶段的关系；研发模式与企业创新绩效的影响关系。

国内外学者多从成本与契约视角、组织资源视角和企业研发活动参与程度视角对企业研发模式进行分类和识别，目的是在资源有限和资源竞争的环境中，探究如何对资源进行整合利用，降低研发成本的同时提高优势资源的效率，以使得企业能够进行技术创新并确保创新的动力。本书基于社会关系理论和创新网络理论，从研发活动参与主体的视角对企业研发模式进行分类和识别。

从研发参与主体的角度得出结论，企业研发模式由单一主体研发和多主体研发两个类型，其中，单一主体研发包括：自主研发和委托研发；多主体研发也可称为合作研发，又由于合作研发中各组织的性质不同分为：企业间合作研发和企业与科研机构合作研发等不同形式。企业自身特点包括：经营内容、经营规模、人力资源结构和企业文化等对企业研发策略选择的影响；企业发展阶段与企业研发策略选择呈现动态变化，企业发展的前期阶段趋于选择单一主体研发，企业趋于成熟期后更倾向于选择合作研发策略；单一主体研发与合作研发之间存在互补关系，这里的互补性体现在企业采用单一主体研发和合作研发相结合的研发策略时，相比只选择单一主体研发的策略所带来的创新价值更高。

从研发模式形成的理论依据中探究其特点和适应性，进一步从静态和动态视角分析创新网络中的企业如何进行有效的研发模式选择；从静态视角，本书探究创新网络中企业创新模型选择的影响因素，包括：内部影响因素为企业组织柔性、组织学习能力、研发技术溢出；外部影响因素为行业技术更新速率和行业政策变化率。从动态视角，本书依据企业在创新网络中不同发展阶段研发模型的选择进行分析发现：企业在进入期和成长期倾向于选择自主研发模式；在成熟期企业倾向于选择合作研发的不同形式；企业衰退期不应选择自主研发。

# 第四章

## 创新网络中企业研发模式与
## 创新绩效作用机理研究

基于第三章对创新网络中企业研发模式的识别与分析，发现从参与主体的视角创新网络中的企业开展研发创新活动时的组合形式不同。本章进一步深入探讨创新网络中不同研发模式如何影响到企业创新绩效，并进行实证检验以明晰不同研发模式对创新绩效的作用机理。

## 第一节 创新网络中企业研发模式与创新绩效的研究假设

### 一、变量的设置与解释

#### （一）自变量的设置与解释

本章从研发参与主体的角度得出，企业研发模式由单一主体研发和多主体研发两个类型，其中，单一主体研发包括：自主研发和委托研发；多主体研发也可称为合作研发，又由于合作研发中各组织的性质不同分为：企业间合作研发和企业与科研机构合作研发等不同形式。单一主体研发与合作研发之间存在互补关系，这里的互补性体现在，与只采用单一主体研发模式或合作研发相比，企业选择研发组合策略能够创造更高的创新价值。

本章选择自变量为单一主体研发模式的两者类型，即：自主研发和委托研发；多元主体研发模式中的合作研发，如图4-1所示。

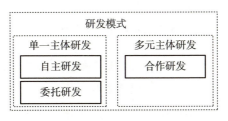

**图4-1　自变量设置**

**（二）因变量的设置与解释**

单一主体研发模式下，自变量为自主研发和委托研发。企业自主研发以取得知识或技术、增强行业技术竞争力及创新产品或服务以提升企业竞争力为目的。自主研发一般依托于企业本身的创新技术发明与使用，并由先进经营管理制度为支撑。委托研发借助外部组织资源，由研发供给企业独立进行研发并产出技术成果，研发需求企业通过委托合同获取技术成果。企业选择委托研发以集中精力和资源进行市场开拓和企业管理。

多元主体研发模式下，自变量选择合作研发。合作研发泛指企业间、科研机构、高等院校、行业组织、金融企业及政府等联合，以技术和知识创新、共同实现利益为目的，通过各方资源整合实现优势资源互补，应对研发过程的高投入和高不确定性、分担风险，并以合约作为约束的伙伴关系。

已有研究发现，单一主体研发与合作研发模式之间存在互补效应。在互补理论中，互补效应被界定为：两者活动之间存在强度与收益的正向关系，即一者的活动增强则另一者的收益提升。本章基于互补理论提出，在创新网络中，企业在研发模式中，如果融入另一种模式，则研发的整体效益将提升。进而存在如下假设，即企业选择单一主体进行研发，如果使创新网络中企业参与主体加入，则研发效益更优。因此，单一主体研发与合作研发间存在相关性。

## 二、企业研发模式与创新绩效关系的理论分析

### (一) 单一主体及多元主体研发模式对创新绩效的影响假设

单一主体研发模式的具体表现为自主研发和委托研发；其中，自主研发是完全依赖组织内部资源，实现技术和知识、营销模式等方面的推陈出新，目的是推动企业技术进步并提高企业在市场中的核心竞争力。与自主研发在资源利用方面不同，委托研发由单一的企业外部组织进行研究开发活动，研发活动的成果归属于企业。现有研究认为，单一主体研发过程中，企业的研发投入与企业创新绩效间存在正相关联系。托德林（Todtlin）等学者认为，自主研发在提升企业创新绩效的同时，能够提升企业的研发能力以及知识技术的吸收利用能力。

多数研究者通过对合作研发模式与创新绩效的研究发现，两者间存在正相关性。合作研发通过开拓企业研发边界，有利于企业更为广泛和及时地获得新知识、新技术及引入创新人才，以提升企业行业竞争力。国外学者分别对美国的生物化学行业及英国制造行业进行实证调研，发现企业合作创新关系的紧密程度，或合作研发活动的数量对企业创新绩效有正向促进作用。此外，部分学者也对合作创新模式与创新绩效正相关的关系提出质疑，以弗里契（Fritsch）为代表的学者关注合作创新的技术溢出水平及知识溢出水平，及其对企业创新绩效的负面作用。综上所述，本章根据现有研究结论，提出以下假设：

H1：企业选择的研发模式与企业创新绩效正相关。

H11：单一主体研发与创新绩效正相关。

H111：企业自主研发与创新绩效正相关。

H112：企业委托研发与创新绩效正相关。

H12：多元主体研发与创新绩效正相关。

H121：企业合作研发与创新绩效正相关。

委托研发是企业外购专项技术、成套设备或引进创新工艺，或者通过合同约定委托外部企业代为开展研发活动。例如，企业委托科研机构或科

研院校进行研发创新，创新成果专利权归属委托研发的企业。委托研发模式对企业创新绩效的正面促进表现为：一方面，委托研发能对市场需求做出快速反应。在目前市场环境快速变化且竞争激烈的状况下，企业难以独立完成对市场需求的快速反应，于是选择将创新研发活动委托于外部优势资源组织，不但有利于外部资源合理利用，也有助于企业集中力量从事经营和管理活动。同时，研发外包的形式能够整合零散的研究项目，专业研发机构以承包形式承揽研发项目，目的在于降低研发风险，提升研发效率。另一方面，委托外部组织进行研发有利于成本控制，能够实现成本低而高效的工艺技术创新。为了应对激烈的市场竞争，企业保持工艺、技术、产品持续创新的诉求。因此，多数跨国企业采取研发外包策略，即在研发组织标准化筛选的基础上，以降低研发成本和缩短研发周期为目的，将研发任务委托给符合研发要求的外包企业。此外，委托研发能有效提升企业技术革新速度，例如采取全球化营销战略的企业，必须从全球视角保证企业技术的领先，就需要委托专业研发机构组织研发活动。

本章将委托研发归属为单一主体研发的类型，与多元主体合作研发进行区分。合作研发模型中，企业间或企业与其他组织间不是委托代理关系，而是利益共同体，合作研发各方形成合作伙伴联盟的关系。

## （二）单一主体及多元主体研发的互补性关系假设

单一主体及多元主体研发模式同时被采用时，会产生互补效应，及活动强度加强，活动收益相应增加。基于互补性理论，企业研发模式的单一主体研发和多元主体研发的互补性被界定为：相对于仅采用单一主体研发，企业采用单一主体研发与合作研发结合策略，其创新效益产出较高。因此，笔者认为单一主体研发与研发合作的互补性体现在创新绩效提升幅度的变化。单一主体研发中的自主研发、委托研发分别与合作研发存在互补关系，单一主体研发和研发合作互补性的定义也是与此类似。

单一主体研发与多元主体合作研发的关系研究中，科伦坡（Colombo）等认为单一主体研发与合作研发存在相关性。阿布拉木斯基（Abramovsky）等选取欧洲四国作为调研对象，发现合作研发受到企业自主研发的正面促进，例如，自主研发能力越强，则与其他主体合作研发的机会越多。东特（Dhont）等关注自主研发受到外部组织或资源的影响程度，研究发现两者有反向作用，且未验证出两者的互补关系。但是，在单一主体研发和多元主体研发活动之间的互补性并没有进一步确定。然后，思聂德贝里（Schniedebery）等实证调研德国制造行业，验证了企业自主研发、协议研发以及合作研发之间的互补性关系。

也有研究结论持相反观点，支持单一主体研发模式与合作研发模式表现出替代效应。外部合作伙伴的引入是作为单一主体研发的替代，考虑到目前技术环境突飞猛进的形势，企业联合外部组织进行研发，会降低单一主体研发的风险。洛夫（Love）等使用三步程序法，对采取单一主体研发模式和多元主体研发模式混合策略活动的企业进行研究，发现单一主体研发活动与多元主体研发活动之间显现出明显的替代效应，而非互补效应；合作研发在该研究中未被独立分析。其研究结论还包括，企业不设有自主研发部分，同时也引导多元研发合作伙伴进行合作研发，该混合研发策略对企业创新绩效有正向影响但不显著。

从创新网络中，单一主体研发和多元主体研发作为企业的研发模式战略是不同企业发展战略选择，其决策过程要考虑创新网络地位和企业发展阶段，因此是个复杂决策的过程，即企业在研发活动战略是倾向于有利于提升企业在创新网络中的地位，并要考虑企业自身条件的制约程度。

第三章探讨了企业研发模式策略选择的静态与动态影响因素。本章关注企业研发模式对企业创新绩效的影响，因此要考虑的企业特征包括企业规模、员工技能水平和企业技术等级等因素。此外，企业外部制度环境特征也应考虑在内。瓦欧那·A（Vaona A）等通过对欧共体的企业进行多次创新活动调研发现，企业规模及研发模式都会影响企业创新产出绩效。其中，员工数量在300人以下的中小型企业倾向于采用自主研发模式来创造新产品或新技术；大型企业则更偏向于选择委托研发或合作研发。此研究还探讨了政府采取的创新激励和信贷优惠政策对两种规模的企业研发都起到了正向促进作用。

H2：单一主体研发活动与多元主体研发活动对创新绩效产生互补效应。

H21：自主研发与合作研发活动对创新绩效的产生互补效应。

H22：委托研发与合作研发活动对创新绩效的产生互补效应。

H3：企业特征和环境因素会影响企业研发模式与创新绩效的关系。

H31：员工技能水平对企业研发模式与创新绩效的关系产生影响。

H32：企业技术等级对企业研发模式与创新绩效的关系产生影响。

H33：市场环境会对企业研发模式与创新绩效的关系产生影响。

H34：政策环境会对企业研发模式与创新绩效的关系产生影响。

### 三、企业研发模式与创新绩效的假设模型

本章基于互补理论探究，在创新网络中的企业主导或参与研发活动参的形式影响企业创新绩效，以及研发模式间的互补关系。基于上述分析提出本章的假设检验模式。研发模式到创新绩效如图 4 - 2 所示。创新网络中，企业的创新模式从参与主体角度分为单一主体研发和多元主体研发。单一主体研发中，本章关注企业内部自主研发和外部委托研发两种形式。

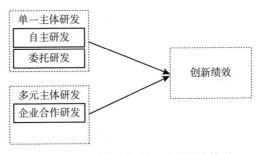

**图 4 - 2　研发模式与创新绩效假设模型**

## 第二节　变量测度与数据收集

### 一、问卷设计

本研究采用问卷调研收集数据，问卷调研法以数据收集速度快、有效性高且成本低为特征，成为定量研究中最为普遍的数据收集方法。问卷收

集数据的过程对受调查者影响较小，因此也易于取得调研对象和单位的支持。本研究问卷是在经济合作与发展组织在欧洲国家进行第七次创新调查所使用的问卷基础上进行修改，并通过在江苏省电子通信技术企业中进行试调研及修正后最终形成。始于 1993 年的经济合作与发展组织欧洲创新调研，其调查问卷一直在持续改进过程中；经合组织在七次调研中对问卷进行了反复的实证和修改。且该量表已经被多位研究者采用进行研发模式与创新绩效的研究，已发表的实证文章超过 200 篇。因此，该量表在不同研究环境和不同调研群体中被反复研发，能够保证较好的信度和效度。

鉴于本研究在中国背景下进行，因此对该量表进行部分调整以提高其适用性。首先，本研究集中回顾了我国关于企业创新研发过程、创新绩效及研发模式的研究文献，结合我国企业的特点对题项进行了调整；然后，基于调整后的问卷初稿，邀请学术专家和企业管理者进行专家讨论，就题项设置、措辞、提问方式等内容征求专家意见，并进行第二轮修改形成试调研问卷；选择的试调研对象为江苏省的两家具有代表性的电子通信技术企业，分别对 80 名企业一般管理人员和 10 位中高层管理人员进行试调研；基于试调研的分析结果最终形成本研究的调查问卷。该问卷分为三个部分：第一部分为问卷调研目的、研究背景和注意事项说明；第二部分为被调研对象基本资料数据；第三部分为本问卷主体内容，企业研发模式分为自主研发、委托研发和合作研发，通过所设置题项对江苏省电子通信技术企业近两年研发活动进行调研。邀请调研对象对企业研发模式和研发活动情况，以及作为研发成果的新产品或技术对企业整体销售收入提升的程度进行主观判断。

## 二、变量测度

考虑到企业研发投入与企业产出的关系，本章选择创新产品销售收入与总销售收入的比值作为因变量；将不同研发模式，包括自主研发、委托研发、合作研发及其组合方式作为自变量。此外，将企业规模、员工技能水平、企业技术等级、市场环境和政策环境选为控制变量（见表 4 - 1）。

表 4 - 1 研究变量

| 类型 | 名称 | 符合 | 定义 |
|------|------|------|------|
| 因变量 | 创新绩效 | $Y$ | 创新产品销售收入与总销售收入的比值 |
| 自变量 | 自主研发 | $X_1$ | 仅利用企业内部资源进行研发 |
| | 委托研发 | $X_2$ | 委托外部组织进行研发 |
| | 合作研发 | $X_3$ | 联合外部组织共同进行研发 |
| | 自主与委托研发 | $X_1$ | 内部自主研发与委托研发结合 |
| | 自主与合作研发 | $X_1$ | 内部自主研发与合作研发结合 |
| 控制变量 | 企业规模 | $C_1$ | 企业员工人数 |
| | 员工技能水平 | $C_2$ | 高技能员工占全体员工比例 |
| | 企业技术等级 | $C_3$ | 行业标准划分 |
| | 市场环境 | $C_4$ | 市场中影响企业研发模式选择的因素 |
| | 政策环境 | $C_5$ | 政策对企业研发模式选择的影响 |

## (一) 自主研发与合作研发

企业研发模式选择决策的目的不同,例如,为了集中组织资源于企业的核心战略,防控和规避研发风险而选择委托或合作研发模式;为了保持核心竞争力,避免技术溢出,提升自身的创新能力而选择自主研发。企业研发模式的选择对创新绩效能够产生直接影响,本章从参与方的角度将企业选择创新方式分为单一主体和多元主体研发两大类。单一主体研发分为自主研发和委托研发;多元主体研发中选取合作研发为本章研究重点。

变量设置为 $X_1$ 为企业选择自主研发模式,$X_2$ 为企业选择委托研发模式,$X_3$ 为企业选择合作研发模式,$X_{12}$ 为企业选择自主研发与委托研发结合;$X_{12}$、$X_{13}$ 为企业选择内部自主研发与合作研发结合。

## (二) 创新绩效

企业研发模式的互补效应评价受到创新绩效指标选择的影响,因此,从创新投入与企业产出关系入手选取创新绩效指标。现有研究中对创新绩效的测度分为单一指标测度和复合指标测度两种。单一指标测度的研究中，专利申请数量、新增销售收入、销售额增长率等作为测度企业创新绩效的指标。

采用复合指标测度创新绩效的学者如下：弗朗索瓦（Francois）等用新技术或工业生产的产品的收益与员工数量的比值对企业创新绩效进行测量；苏埃塔里斯（Souitaris）等采用创新产品或技术的数量、研发投入成本占经营期销售额比例等多个与创新有关的绩效指标进行测度；埃万杰利斯塔（Evangelista）等选取新产品、新技术或新工艺的数量、创新产品及技术的创新程度、企业专利申请数量作为测量创新绩效的指标。然而，调研自变量和控制变量调研量较大，因此采用单一指标测度创新绩效，测度指标为创新产品销售收入与总销售收入的比值。

（三）企业特征

本研究选取企业特征变量作为控制变量，包括：企业规模、员工技能水平、企业技术等级、市场环境和政策环境。

企业规模：从组织资源理论视角分析，企业规模是对企业研发活动投入产生影响的重要因素。金玲娣等研究发现规模大的企业研发投入必然较大，且大型企业具有明显的研发优势，因此对研发模式的选择具有主动权。可见，企业规模对创新绩效会产生直接影响。进而，多数研究选用企业职工数量、固定资产总额、经营销售额、上市公司市值等指标对企业规模进行评价。

员工技能水平：该指标以高技能员工占全体员工比例来测度。卡斯泰拉尼（Castellani）等对企业员工与企业的创新绩效关系进行研究发现，企业经营所需技术水平越高则企业重视高技能员工的培养，且对关注研发模式选择的程度越大。员工技能水平则可以通过员工学历水平衡量，即高学历的员工占总员工数量的比例。本章样本以高学历水平和拥有专业资质的员工占总员工人数的比例来衡量。

企业技术等级：OECD 在 2002 年根据行业进行划分，在同行业中企业按技术水平可划分为低级技术、中低级技术、中高级技术和高级技术共四个层级的技术等级。但是，行业特性的差异对企业创新绩效也会产生显著影响。已有研究发现，企业技术等级与企业研发模式多样性选择呈正相关，且企业技术等级越高则创新产出越多。

市场环境：企业研发模式及研发策略的选择受到外部环境的影响，尤其是市场环境因素。市场环境因素中，经济风险和经营风险引发企业的创新风险和成本风险，是影响企业研发模式选择的主要因素。本章选取行业的经济风险、经营风险和研发成本作为市场环境的测度。

政策环境：制度环境中的政策环境是影响企业开展创新研发活动的因素。政策支持能够对企业开展研发活动产生鼓励作用。尤其是财政政策的支持，能够有效降低企业创新的成本和风险。本章通过调查江苏省年均对企业研发活动提供的补助资金作为对政策环境的测度，并通过取对数进行数据初步处理。

## 三、数据来源

本章数据收集对象是电子通信技术企业。江苏省为我国电子通信技术业比较集中的省份之一，选取江苏省电子通信技术企业作为研究样本，具有一定代表性。同时，长三角经济区各类电子通信技术业竞争激烈，江苏省的电子通信技术企业创新意识和创新需求较为紧迫，区域产业创新网络较为成熟，企业对创新网络及合作研发模式相关研究较为关注，参与配合调研的积极性较好。

根据国家电子通信技术产业统计数据显示，截至 2015 年 6 月，江苏省报告电子通信技术企业总数为 1845 家，重点电子通信技术企业 187 家，位居全国电子通信技术企业总数排名的第四位。以江苏省 2013～2015 年企业作为研究样本，既确保企业研发模式发展的时效性，又可确保数据的代表性及真实性。本研究问卷发放方式为实地调研和培训授课过程。研究人员可以向调研对象直接解释问卷的内容，并进行问卷当场填写和当场回收。因此，问卷回收率和问卷有效率较高。问卷发放总数为 251 份，回收问卷 251 份，剔除不完整问卷和不认真填写的问卷，有效问卷为 220 份，问卷回收率为 100%，问卷有效率为 87.6%。

# 第三节 实证分析

## 一、信度检验

信度检验以观察测度结果的一致性、稳定性及可靠性为目的，通常关注测度结果的内部一致性的高低水平，并通过信度系数表示。内部一致性、稳定性及可靠性越好则表现出的信度系数越高。内部的一致性高代表问卷的题项间关系良好，稳定性好则说明使用问卷在不同时间或不同环境下对同样的测度对象进行多次测度结果相近。多次测度的结果相关度高则说明量表选择恰当且问卷设计合理。

本研究调研问卷只发放一次，未进行问卷多次发放的检验。因此，选取常见的信度检验系数就克朗巴哈系数作为问卷题项一致性检验的指标。克朗巴哈（Cronbach）在 1950 年提出克朗巴哈系数可用在检验问卷内部一致性。克朗巴哈系数的值域在 0 ~ 1 之间，问卷评价的克朗巴哈系数越接近 1，则说明问卷中题项的内容一致性越好。现有研究一般将克朗巴哈系数分为四个级别：Cronbach's α 系数低于 0.35，说明问卷所选量表信度差，问卷设计需调整；Cronbach's α 系数在 0.35 ~ 0.7 之间，说明问卷所选量表信度较差但尚可信，问卷题项需要修改；Cronbach's α 系数在 0.7 ~ 0.85 之间，说明问卷所选量表信度较好，问卷可进行大量发放；Cronbach's α 系数大于 0.85，说明问卷所选量表信度非常好，题项内部一致性高。本研究采用 SPSS 20.0 对问卷进行信度检验，检验结果见表 4 – 2。

信度检验结果显示，自变量和因变量的信度检验的克朗巴哈系数在 0.7 ~ 0.85 之间，说明问卷所选量表信度较好，问卷中的变量测度题项不需调整，问卷内部一致性较好。

表 4 – 2　　　　　　　　　　　　信度检验结果

| 变量 | | Cronbach's α 系数 |
|---|---|---|
| 自变量 | $X_1$ | 0.763 |
| | $X_2$ | |
| | $X_3$ | |
| | $X_{12}$ | |
| | $X_{13}$ | |
| 因变量 | $Y$ | 0.822 |

## 二、效度检验

为了确保变量的测度题项有效地测度出目标变量，要对变量测度题项进行效度检验。现有研究在进行效度检验时，关注量表的内容效度、统计效度和建构效度。内容效度是指测度题项对有关构念或取样的适用性，一般通过专家对题项与预测内容的符合性做出评价的方式检验内容效度。本研究中的题项是经过国际经合组织多次调查并调整后的题项，并在此过程中经过研究人员、专业人士的评价且不断调整完善，在内容效度上满足要求。统计效度是指就同一对象如果用不同方法或评价指标进行测度时，选择一个作为参照标准，其他的测度方法或指标与之比较，观察其差异度。统计效度是本研究的局限之一，因为数据收集通过问卷方式难以确定固定的参照效度标准。建构效度是指测度对象内部结构被测度工具所反映的程度。本研究中问卷调查的建构效度表示理论预期与调研结果的一致程度。有如下 3 种方法可用于评价建构效度，包括：建构效度的模型系统评价，即评价假设模型中显变量与潜变量、潜变量与潜变量的关系合理性，非标准化系数显著则建构效度较好；建构效度的系统评价，即假设模型是否成立要看潜变量之间的相关系数是否显著；进行验证性因子分析，通过观察因子负荷量来评价建构效度。

本研究选择验证性因子分析评价建构效度。利用 SPSS 20.0 进行验证性因子分析。首先判断样本是否适合进行验证性因子分析，即观察 KMO 值和 Bartlett 球形度检验值，以确定样本量以达到标准且相关矩阵为非单位矩阵。参照标准选择 Kaiser 等的研究结论，即 KMO 值高于 0.6 时，表明样本量合适，不需要再扩大样本容量。通过观察 Bartlett 球形度检验值可以判断相关矩阵的性质，即 Bartlett 球形度检验值显著性水平值低于 0.05，可以确定其适合进行验证性因子分析。KMO 值和 Bartlett 球形度检验结果见表 4 - 3。检验结果显示，调研采样足够度 KMO 值为 0.786，高于 0.6，企业研发模式与创新绩效的关系的采样足够度符合要求；Bartlett 球形度检验的显著性水平低于 0.001 的概率为 0，可以确保相关矩阵为非单位矩阵。因此，符合验证性因子分析的条件。

企业研发模式选择与创新绩效作用关系的验证性因子分析结果如表 4 -4。检验结果显示，问卷中测度题项的因子载荷均大于 0.5，证明问卷题项测度有效，自变量及因变量的收敛性好，量表的建构效度符合标准。

表 4 - 3 　　　　　　　　　数据样本的 KMO 和 Bartlett 检验结果

| 检验指标 | 数值 |
| --- | --- |
| KMO 值 | 0.786 |
| 近似卡方值 | 284.392 |
| Bartlett 球形度检验值 | 88 |
| Sig. | 0 |

表 4 - 4 　　　　　　　　　验证性因子分析结果

| 题项 | 因子载荷 |
| --- | --- |
| 创新绩效 | |
| 本年度新产品或新技术所得销售收入 | 0.87 |
| 自主研发 | |
| 1. 新技术、新工艺的自行开发 | 0.75 |
| 2. 新型服务平台的构建 | 0.73 |
| 3. 设置内部研发部门或团队 | 0.88 |
| 4. 经常开展提供研发能力的内部培训 | 0.70 |

| 题项 | 因子载荷 |
| --- | --- |
| 委托研发 | |
| 1. 公共或私人研发机构购买用于技术创新的项目 | 0.78 |
| 2. 委托高校研发项目 | 0.80 |
| 3. 委托科研机构研发项目 | 0.72 |
| 4. 专利及非专业技术的外部购买 | 0.81 |
| 合作研发 | |
| 1. 企业集团范围的研发合作项目 | 0.87 |
| 2. 供应链参与方的研发合作项目 | 0.73 |
| 3. 企业产品消费者或服务对象参与的研发合作项目 | 0.79 |
| 4. 行业内竞争企业之间的研发合作项目 | 0.81 |

## 三、相关性分析

相关性分析用以检验变量间的作用关系强弱程度，及发现变量间的线性关系正负和强弱程度。本研究中假设模型主要是企业研发模式的三种类型与创新绩效的关系，此外，还可观察企业特性与研发模式、研发模式间的关系，以及控制变量对上述关系的影响程度。具体分析及结果分析如下。

企业特征与研发模式选择的相关性分析。本研究从以下三个方面看企业特征，即企业规模、员工技能水平、企业技术等级，以及两个环境控制变量即市场环境和政策环境。通过相关性分析检验其对企业创新绩效的影响。表4-5相关性分析结果显示，企业规模与企业完全采取自主研发策略显著负相关；企业技术等级及市场环境两个变量对企业研发模型选择影响不显著，而其他各因素与企业研发模式的选择显著性相关。

**表 4 – 5** 　　　　　　　　　　　　相关性分析结果

| 变量 | $X_1$ | $X_2$ | $X_3$ | $X_{12}$ | $X_{13}$ |
|---|---|---|---|---|---|
| $Y$ | 0.588 ** | 0.537 * | 0.481 * | 0.483 ** | 0.368 ** |
| $Y(condi)$ | 0.503 ** | 0.447 * | 0.391 * | 0.389 ** | 0.305 ** |
| $C_1$ | – 0.068 ** | | | | |
| $C_2$ | 0.01 | 0.09 | | | |
| $C_3$ | 0.231 | 0.014 | 0.031 | | |
| $C_4$ | 0.061 | 0.206 | 0.091 | 0.109 | |
| $C_5$ | 0.534 * | 0.613 * | 0.509 * | 0.318 ** | 0.733 * |

注：参与者总人数220，$*p<0.05$，$**p<0.01$。

企业研发模式对创新绩效影响的相关性分析。表 4 – 6 相关性分析结果显示，在 0.01 显著性水平下，企业研发模式选择为自主研发模式对创新绩效有显著的正向影响；企业选择研发模式为委托研发和合作研发在 0.05 的水平下与创新绩效有显著正向关系；分析模型中加入企业规模、员工技能水平、企业技术等级三个控制变量后，委托研发和合作研发对创新绩效仍保持显著正相关，但相关水平有所下降。通过该部分相关性分析，研究假设模式中的假设 H1、H11、H111、H112、H12 和 H121 均得到验证；且从相关性检验结果数据中得出，自主研发对创新绩效的正向影响比委托研发、合作研发对创新绩效的正向影响强。该研究结论对企业选择研发模式具有实践指导意义。

企业研发模式及研发模式组合之间相关性分析。由相关性分析结果表 4 – 6 可知，企业单一主体研发与多元主体研发的相关关系显著，且在引入控制变量，包括企业规模、员工技能水平、企业技术等级、市场环境和政策环境后，相关性程度虽然减弱但是在 0.01 显著性水平下仍然显著。因此，单一主体研发与多元主体研发之间的弱互补性得到验证，进而假设 H2、H21、H22 得到初步验证。由于创新模式组合的正向相关性仅为互补效应的必要条件，因此不能通过上述相关性检验完全验证单一主体研发与多元主体研发之间具有互补性。其他的系统误差和抽样误差也应在检验单一主体研发与多元主体研发之间互补性时被考虑。

**表 4 – 6**　　　　　　　　　　　相关性分析结果

| 变量 | $X_1$ | $X_2$ | $X_3$ |
|---|---|---|---|
| $X_1$ | | 0.353 ** | 0.268 ** |
| $X_2$ | 0.353 ** | | |
| $X_3$ | 0.268 ** | | |
| $C_1$ | | 0.271 ** | 0.175 ** |
| $C_2$ | | 0.293 ** | 0.137 ** |
| $C_3$ | | 0.263 ** | 0.149 ** |
| $C_4$ | | 0.261 ** | 0.159 ** |
| $C_5$ | | 0.234 ** | 0.168 ** |

注：参与者总人数220，$* p < 0.05$，$** p < 0.01$。

## 四、回归分析

回归分析能够检验变量之间的因果关系。通过上文相关性分析后发现，企业研发模式对创新绩效存在正向影响，且研发模式中单一主体研发与多元主体研发之间存在正向相关关系。由于创新模式组合的正向相关性仅为互补效应的必要条件，不能通过上述相关性检验完全验证单一主体研发与多元主体研发之间具有互补性，因此要通过回归分析验证变量间是否存在因果关系。

本研究利用多元线性回归方法检验自变量与因变量的因果作用关系，同时要考虑多元回归分析过程中变量的共线性诊断，即引入 D – W 模型来进行残差检验。变量间共线性程度的判别指标为容忍度，其判断标准为：合理范围取值在 0 ~ 1 之间，且容忍度越趋近于 0，变量间共线性程度越严重，表明该变量不适用于进行多元回归分析。本研究就如下两个假设模型进行多元回归分析。

（一）研发模式与创新绩效的多元回归分析

本研究对企业研发模式与创新绩效进行多元回归分析，企业研发模式分两类，即单一主体研发与多元主体研发；单一主体研发选择自主研发模式和委托研发模式为自变量；多元主体研发中以合作研发为自变量；因变量仍然为创新绩效，多元回归分析如表4-7所示。

多元回归分析结果显示，企业研发模式中自主研发模式、委托研发模式及合作研发模式与企业创新绩效的回归系数为1.857、0.839和0.357，显著性水平为0、0.075和0.050；结果表明自主研发模式、委托研发模式及合作研发模式与创新绩效呈现显著正相关关系，假设H1、H11、H111、H112、H12和H121成立。

表4-7 研发模式与创新绩效的回归检验

| 变量 | | 回归系数 | Sig. | T值 | D-W | 容忍度 |
|---|---|---|---|---|---|---|
| 常量 | | | 0.235 | 21.325 | 1.767 | 0.867 |
| 单一主体研发 | 自主研发 | 1.857*** | 0.000 | 36.647 | 1.856 | 0.834 |
| | 委托研发 | 0.839* | 0.075 | 15.679 | 1.842 | 0.885 |
| 多元主体研发 | 合作研发 | 0.357* | 0.050 | 3.746 | 1.943 | 0.873 |

## （二）单一主体研发与多元主体研发模式间互补效应的回归检验

回归分析主要针对企业单一主体研发与多元主体研发模式的互补效应，主要用于检验单一主体研发与多元主体研发模式间是否存在互补效应。互补效应表现为当企业同时采用单一主体研发和合作研发战略，相对于仅采用单一主体研发的企业，在企业创新效益产出方面高；于是，认为单一主体研发和研发合作具有创新绩效的互补性。

对于电子通信技术业来说，企业是行业的子系统，企业的研发模式选择实质上是整合行业创新网络资源及外部环境的关系。就企业研发模式选择而言，企业规模、员工技能水平、企业技术等级、市场环境和政策环境等因素，均会对企业研发模式策略选择产生影响。当企业单一主体研发模式与多元主体研发模式间存在互补效应，则企业采用自主研发和合作研发的混合策略对企业创新绩效提升程度更大。本研究回归检验变量包括自主研发模式、委托研发模式、合作研发模式、企业规模、员工技能水平、企业技术等级、市场环境和政策环境，建构的回归模型如下。

$$X_1 = \alpha_1 Z_i + \varepsilon_1$$
$$X_2 = \alpha_2 Z_i + \varepsilon_2$$
$$X_3 = \alpha_3 Z_i + \varepsilon_3$$

其中，$X_1$，$X_2$，$X_3$ 分别代表自主研发模式、委托研发模式、合作研发模式；$\alpha_1$ 代表自主研发模式与合作研发模式残差 $\varepsilon$ 的相关系数，$\alpha_2$ 代表委托研发模式与合作研发模式残差 $\varepsilon$ 的相关系数；当 $\alpha$ 大于等于 0 时表明两者有互补性；当 $\alpha$ 小于 0 时表明两者有替代性。单一主体研发与多元主体研发的互补效应回归分析结果如表 4-8 所示。

回归分析结果显示，企业研发模式中的自主研发模式与委托研发模式、合作研发模式的残差 $\varepsilon$ 的相关系数均都大于 0，验证了假设 H2、H21、H22。且企业规模和员工技能水平对自主研发模式、委托研发模式及合作研发模式都存在显著影响；未检验出电子通信技术企业所处技术等级与研发模式的显著作用关系；企业所处的市场环境和政策环境对合作研发产生显著作用，对自主研发模式和委托研发模式的影响不显著。

表 4-8　　　　　　　　　回归模型统计结果

| 变量 | 自主研发 | Sig. | 委托研发 | Sig. | 合作研发 | Sig. |
|---|---|---|---|---|---|---|
| 常量 | 0.344 | 0.291 | 0.088 | 0.801 | 0.167 | 0.659 |
| 企业规模 | 0.216 | 0.231 | 0.766 *** | 0.012 | 0.671 *** | 0.019 |
| 员工技能水平 | 0.567 ** | 0.031 | 1.441 *** | 0.013 | 0.767 *** | 0.001 |
| 企业技术等级 | 0.153 *** | 0.015 | 0.184 *** | 0.015 | 0.170 *** | 0.000 |
| 市场环境 | 0.141 | 0.281 | 0.278 | 0.321 | 0.015 | 0.256 |
| 政策环境 | 0.554 | 0.247 | 0.060 | 0.215 | 1.052 *** | 0.005 |
| $R^2$ | 0.21 | | 0.20 | | 0.23 | |

对于电子通信技术企业，研发模式选择合理有助于提高企业的创新绩效。外部环境的差异，导致创新绩效提升程度的差异。单一主体研发与多元主体研发模型间的互补效应的存在说明，企业创新过程与内外部资源的协调性。

上述检验选取自主研发模式、委托研发模式及合作研发模式为自变量，创新绩效为因变量，进行回归检验，结果显示：企业的自主研发模式、委托研发模式及合作研发模式与企业的创新绩效有显著的正相关关系；企业选择自主研发模式分别与委托研发模式和合作研发相结合，结合研究模式对创新绩效影响的互补效应作用系数明显大于0；员工技能水平、企业技术等级、市场环境和政策环境与企业创新绩效相关性显著，验证了假设 H3、H31、H32、H33、H34、H35。

## 第四节　实　证　结　果

基于数理统计分析本研究对数据进行如下处理，涉及问卷的信度分析、效度分析、相关性分析及多元回归分析来验证以上提出的假设模型。通过数据处理得到数据结果，以下对上述实证数据结果进行分析及讨论。

数据分析内容，主要是信度分析、效度分析、相关性分析及多元回归分析来对研发模式，对企业创新绩效的影响判断及分析。相关性分析分为三个部分：第一，企业特征与研发模式选择的相关性分析。本研究从以下三个方面看企业特征，即企业规模、员工技能水平、企业技术等级，以及两个环境控制变量即市场环境和政策环境；第二，企业研发模式对创新绩效影响的相关性分析，确定研发模式中的自主研发、委托研发、合作研发与企业创新绩效间是否存在显著相关性；第三，企业研发模式及研发模式组合之间相关性分析，作为二者之间互补效应检验的初步条件。

本研究中的多元回归分析分为两个部分：第一，研发模式与创新绩效进行多元回归分析，企业研发模式分两类，即单一主体研发与多元主体研发；自变量为单一主体研发模式中的自主研发模式和委托研发模式，以及多元主体研发中的合作研发；因变量选择创新绩效。第二，单一主体研发与多元主体研发的互补效应回归分析，用以检验单一主体研发与多元主体模式间是否存在互补效应。下面对相关分析的结果进行展示和讨论。

### 一、相关分析结果

基于相关性分析数据结果显示：第一，企业研发模式策略选择受到企业特征的显著影响；第二，单一主体研发与多元主体研发对企业创新绩效有显著正向作用；第三，单一主体研发与多元主体研发之间存在互补效应。

（一）企业特征是影响企业研发模式选择战略差异的因素

相关分析数据结果显示，市场环境对企业研发模型选择影响不显著，企业规模、员工技能水平、企业技术等级和政策环境都对企业的研发模式选择产生显著影响。根据企业特征及环境因素对三种不同研发模式的决策过程进行分析。

第一，自主研发策略。实证结果显示企业规模、员工技能水平和企业技术等级与企业自主研发策略相关。企业规模越小且进入行业创新网络时间越短，越倾向于选择自主研发策略。因为规模较小且进入行业创新网络时间短的企业一般处于企业进入阶段和成长阶段；处于进入阶段和成长阶段企业利用外部资源的能力与行业中成熟企业相比较差。受到企业研发资本所限，小型企业在创新网络中处于劣势地位，采用合作研发的技术溢出水平高，且风险系数大。因此，规模较小的企业一般倾向于依赖股本资金进行自主研发。

就企业员工技能水平而言，小型企业选择自主研发模式时，企业自有技术开发人员与管理层人员沟通方便，配合灵活；上述组织氛围对自主研发效率产生促进作用。同时，企业中拥有的高学历水平和拥有专业资质的员工占总员工人数的比例越大，企业越具有自主研发的人力资源优势。

企业技术等级与自主研发策略选择存在显著正相关关系，自主研发模式成为高技术等级企业首选的研发模式。由于高技术等级企业在行业创新网络中的创新技术优势大，自主创新能力强，在开展研发活动时对外部资源和组织依赖度低。高技术等级企业要面对的另一个问题是避免技术溢出对企业绩效造成的损失，因此，自主独立研发或技术并购成为高技术等级企业的首选策略。

第二，企业选择多元主体研发。采用合作研发的电子通信技术企业，企业规模、市场环境等要素与研发模式选择显著相关。一般小型企业，尤其是正经历进入期或成长期的企业，研发资金短缺；从交易成本理论视角分析，合作研发的交易成本较高，自主研发模式易于控制交易成本。处于成熟期的大型企业，企业的资金及技术实力提升的同时，企业要以缩短研发时间和准确预测市场需求为重点任务，此时可采取与其他企业联合，或与科研院校合作，或直接委托外部组织进行研发。市场环境与企业选取合作研发策略相关，经济风险和经营风险引发企业的创新风险和成本风险。当企业所面临的经济风险较高时，企业趋向于需求外部组织作为合作研发伙伴，以分担经济风险。

第三，企业选择组合研发模式，包括自主与合作研发及自主与委托研发。当企业选择混合研发策略时，企业规模、员工技能水平与政策环境对研发模式选择有显著影响。

处于成熟期的大型企业，企业倾向于选择混合研发策略。原因有如下两个方面：一方面，企业具有一定研发能力，与研发有关的工艺技术和设备较完善，企业有能力进行自主研发；而另一方面，规模较大的企业资源配置较为分散，难以将大量资金和人力只集中于研发活动，从而将研发外包或联合专业机构进行合作研发效率更高。

员工技能水平较高对组合研发模式的选择也有促进作用。一方面，高技能的员工数量多证明企业自主研发的能力强；另一方面，企业如果完全依赖自主研发就要引进大量高技能员工，从而增加人力成本的压力。因此，考虑到人力成本因素，合理利用外部人力资源进行合作研发对企业更为有利。

政策环境主要考察政府对企业的直接财务资助和对企业的间接财务资助。政府的资助对企业选取组合研发策略显著正相关。政府对企业直接资助形式为对企业直接的财务援助，能够使企业的经营风险和财务风险降低；政府对企业间接资助形式表现为专项资金支持科研机构和高等院校的研发活动。政府资助有助于提升企业自主研发能力，及委托科研机构和高等院校研发的可行性，企业外部组织研发能力的提高也加大了企业外部研发的可能性。

（二）企业研发模式对创新绩效影响的相关性分析

相关性分析结果显示，企业选择研发模式为自主研发模式、委托研发和合作研发与创新绩效显著正相关；分析模型中加入企业规模、员工技能水平、企业技术等级三个控制变量后，委托研发和合作研发对创新绩效仍保持显著正相关，但相关水平有所下降；自主研发对创新绩效的正向影响比委托研发、合作研发对创新绩效的正向影响强。换言之，企业不管采取自主研发模式、委托研发还是合作研发，都会对企业创新绩效产生正向的影响，且自主研发对创新绩效的正相关影响最大，即对企业创新绩效的提升程度越大。

### （三）单一主体研发与多元主体研发之间具有相关性

企业自主研发与委托研发、合作研发之间分别表现出显著正向相关性，相关系数分别是 0.353 和 0.268。自主研发与委托研发之间，或自主研发与合作研发之间存在正相关说明，企业研发模式选择方面，自主研发模式受到委托研发或者合作研发程度的影响；在考虑了企业规模、企业技术等级、市场环境等控制变化后，上述影响仍然显著。不同之处在于，自主研发与委托研发的相关性，强于与合作研发的相关性；但是，该研究结果与 Veugelers 等的研究结论相反。

## 二、回归分析结果

### （一）研发模式与创新绩效的多元回归分析

第一，自主研发对创新绩效存在显著正向影响。企业自主研发是指企业仅依靠自身力量开展研发活动，以获取新技术、新知识、推出新的方案，增强企业技术生产能力或者为避免技术溢出保持行业竞争优势而采取的研发模式。自主研发模式能够实现高新技术的发明和利用，也可能形成新的管理运营方式。企业自主研发中资金和人力的投入是影响创新绩效产出的关键因素，因为研发投入对创新产出有正向促进作用；尤其对于低技术等级企业，创新产出对研发模式变化的敏感度更高。研究还发现，自主研发资金与人力投入对创新绩效产生正向影响作用，原因在于：企业内部研发资金投入增加的同时，企业吸收、引入新知识的组织学习能力得到提高。

第二，委托研发模式与创新绩效呈现显著正相关性。委托研发是企业通过委托合同，购买外部组织的发明、专利技术、设备等；或者将产品研发任务、工艺更新项目等外包于专业研发机构，例如，高等院校、科研机构、行业学会等拥有技术开发能力和创新研发能力的外部组织。委托研发与合作研发相比，企业与外部机构为委托代理关系，并非研发战略同盟关系。委托研发对企业创新绩效的正向促进作用有如下表现：一是委托研发的受委托对象可以是多方，即企业将研发项目进行分解各专业研发机构只承揽一部分任务，能够实现研发风险的合理分担，也有助于研发周期的缩短。二是委托研发模式具有低成本，且研发速度快，新科技更新速率高等优势。随着全球市场经济环境快速变化，保持技术创新和产品开发的可持续性对企业长远发展尤为重要，因此研发成本的持续投入不可避免。大型跨国集团多采取本土研发外包模式以实现低成本高速度研发。三是委托研发提升企业技术转换和技术更新速度，特别在全球化经济市场背景下，委托研发模式能够实现全球范围的领先技术转变。

第三，合作研发与创新绩效表现出正相关性。合作研发与委托研发相比，参与研发主体间关系存在本质差异，各主体间为利益共享的合作伙伴关系。在创新网络中，企业间形成研发创新联盟，拥有共同的研发目标。

合作研发对企业创新绩效产生正向影响的原因在于，研发合作有助于开拓企业边界，便于企业及时引入创新的基本要素，如新的技术、知识、人才、信息等资源。合作研发是企业整合及合理利用外部组织研发资源，对市场需求进行快速响应的研发策略。在复杂市场环境中，单一企业的资源优势并不明显；尤其是处于成熟阶段的企业，其资源一般分散于各经营环节，难以集中于研发活动，因此，整合及合理利用外部组织研发资源的研发效率最高。

（二）单一主体研发与多元主体研发的互补效应回归检验

基于互补效应初步检验结果，对企业单一主体研发与多元主体研发的互补效应回归分析，用于判断单一主体研发与多元主体研发模式间是否存在互补效应。互补效应表现为当企业同时采用单一主体研发和合作研发战略，相对于仅采用单一主体研发的企业，在企业创新效益产出方面高；于是，认为单一主体研发和研发合作具有创新绩效的互补效应。

回归数据结果显示，当企业选择自主研发和委托研发混合策略，则创新绩效会受到影响但不显著，然而选择自主研发和委托研发混合策略时，创新绩效有提高的趋势，进而验证自主研发与委托研发之间存在互补效应。此外，当企业选择自主研发与合作研发模式的混合策略时，对创新绩效的影响系数显著；自主研发与合作研发之间的互补效应得到验证。

（三）企业特征与创新绩效间的相关性

企业规模、员工技能水平、技术等级和政策环境因素对企业创新绩效产生影响。例如，企业规模扩张但创新绩效却下降，规模大的企业经营的业务量大，企业的销售收入总体水平高；在短时间内，企业创造出新产品和新技术获得的收入与销售收入总额的比值较低。

员工技能水平对创新绩效有显著的正向相关关系，在高学历水平和拥有专业资质的员工占总员工人数的比例高的情况下，企业对研发的投入会增多，进而研发产出量随之增多；新产品的销售收入增加也会促进创新绩效的提升。

企业技术等级较高时，对企业的创新绩效产生正相向的影响。这是因为高技术等级的行业产品更新速度快，产品的生命周期相比低技术产业更短。

政府的资助分为直接对企业的财务资助和间接对企业的财务资助。政府的资助对企业选择单一主体研发与多元主体研发的创新策略有显著正相关作用；政府对企业直接资助形式为对企业直接的财务援助，能够使企业的经营风险和财务风险降低；政府对企业间接资助形式表现为专项资金支持科研机构和高等院校的研发活动。政府资助有助于提升企业自主研发能力，及委托科研机构和高等院校研发的可行性。

相关性分析和多元回归分析后，本研究的假设验证结果如表 4 - 9 所示。

**表4-9** 假设模式验证结果

| 假设 | 研究假设内容 | 结果 |
| --- | --- | --- |
| H1 | 企业选择的研发模式与企业创新绩效正相关 | 支持 |
| H11 | 单一主体研发与创新绩效正相关 | 支持 |
| H111 | 企业自主研发与创新绩效正相关 | 支持 |
| H112 | 企业委托研发与创新绩效正相关 | 支持 |
| H12 | 多元主体研发与创新绩效正相关 | 支持 |
| H121 | 企业合作研发与创新绩效正相关 | 支持 |
| H2 | 单一主体研发活动与多元主体研发活动对创新绩效的产生互补效应 | 支持 |
| H12 | 自主研发与合作研发活动对创新绩效的产生互补效应 | 支持 |
| H22 | 委托研发与合作研发活动对创新绩效的产生互补效应 | 支持 |
| H3 | 企业特征和环境因素会影响企业研发模式与创新绩效的关系 | 支持 |
| H31 | 员工技能水平对企业研发模式与创新绩效的关系产生影响 | 支持 |
| H32 | 企业技术等级对企业研发模式与创新绩效的关系产生影响 | 支持 |
| H33 | 市场环境会对企业研发模式与创新绩效的关系产生影响 | 支持 |
| H34 | 政策环境会对企业研发模式与创新绩效的关系产生影响 | 支持 |

# 本 章 小 结

通过对创新网络中企业研发模式的探讨，发现从参与主体的视角看，创新网络中的企业开展研发创新活动时的组合形式不同。进一步深入探讨创新网络中不同研发模式如何影响企业创新绩效，并进行实证检验以明晰不同研发模式对创新绩效的作用机理。通过研究发现：

第一，企业特征对企业研发模式战略选择呈现相关影响；市场环境对企业研发模型选择影响不显著，企业规模、员工技能水平、企业技术等级和政策环境都对企业的研发模式选择产生显著影响。企业的自主研发、委托研发、合作研发模式的选择受到企业自身特征和外部环境因素的共同影响。

第二，研发模式中的单一主体研发与多元主体研发和企业创新绩效之间存在正相关关系；自主研发、委托研发模式及合作研发对创新绩效存在显著正向影响。

第三，研发模式中单一主体研发与多元主体研发之间存在互补效应。对企业单一主体研发与多元主体研发的互补效应进行回归检验，以判断单一主体研发与多元主体研发模式间是否存在互补效应。互补效应表现为当企业同时采用单一主体研发和合作研发战略，相对于仅采用单一主体研发的企业，在企业创新效益产出方面高；因此，笔者认为单一主体研发和研发合作具有创新绩效的互补效应。当企业选择自主研发和委托研发混合策略，则创新绩效会受到影响但不显著，然而选择自主研发和委托研发混合策略时，创新绩效有提高的趋势，进而验证自主研发与委托研发之间存在互补效应。此外，当企业选择自主研发与合作研发模式的混合策略时，对创新绩效的影响系数显著；自主研发与合作研发之间的互补效应得到验证。

# 第五章

# 基于创新网络的企业合作研发研究

## 第一节　创新网络中企业合作研发策略选择的原则与过程

通过上一章的实证研究发现，在创新网络中，随着企业实力的提升，合作研发模式对于企业创新绩效具有较强的正面促进作用，同时合作研发也有利于分担风险、降低研发成本及提高研发速度。因此，企业在创新网络中应如何选择研发合作对象、选择过程遵循的原则步骤等将在本章进行探讨。

### 一、创新网络中企业合作研发策略选择的一般原则

企业研发模式决策时，以企业长远发展战略及现实利益为依据，并兼顾研发成本的控制；本章归纳出企业进行合作研发策略选择的一般原则如下：所选择的研发模式不仅要有利于企业战略发展的实现，还要有利于企业现实利益的实现，所以企业在进行选择研发模式时，应遵循的基本原则如下：

#### 1. 成本降低的原则

企业选择研发模式的重要原则为通过有效地将企业的生产成本降低，进而节约企业的资源。企业开展研发的收益与研发成本正相关；企业的研

发成本包括基本研发成本、交易成本和关系协调成本等。企业以研发收益不低于研发成本为原则选择愿意进行研发，也就是说，企业研发模式选择的基本原则是成本降低。

**2. 研发收益最大化原则**

在研发过程中融合安排人、财、物、信息等资源综合的结果称为企业研发。通常情况下，企业在不同的研发模式中具有不同的优势，是不同研发模式带来的研发收益不同，因此收益最大化的程度也会不同。企业以追求自身利润最大化作为最直接目的进行研发模式的选择，只要是有关于选择合作研发模式即是使合作研发各方整体收益最大化，以实现研发创新的规模效应和范围效应。于是，个体利益或整体利益最大化成为企业研发模式选择的经济原则。

**3. 知识管理原则**

企业创新技术和新知识的获取是确保企业核心竞争力的关键；从组织学习理论视角分析，企业应该更多地从外部环境或组织中吸收新知识、新技术，并进行自主的知识整合及积累。合作研发模型下，企业间能很好地进行组织间学习，有助于新知识的产生，进而促进下一阶段的合作研发。可见，组织间知识学习成为企业合作研发模式选择的原则之一。

## 二、创新网络中企业合作研发模式的选择过程

考虑企业研发模式选择过程的完整性，企业以研发成本控制、研发收益最优化及组织间学习为原则，结合对比分析在各种策略下的合作研发最大收益率，进而做出选择。

### （一）对企业合作研发不同组合的最大化利润进行测算

在企业进行研发决策时首先需要解决的问题同时也是在企业制定研发模式选择决策的基础，即各种研发模式下准确地预测研发的最大化利润。其中预测最大化利润的关键因素就是学习能力水平，企业决策的外部因素则是企业竞争强度以及技术溢出水平等市场条件。本章选取均衡利润最大化和均衡成本降低幅度两个指标来评价不同策略下合作研发最大化利润值。

## (二) 选择研发合作伙伴以实现最大化利润

基于上述原则归纳出合作研发伙伴选择策略为，尽管企业研发模式选择过程受到多样化因素的影响，且因素间有复杂的相互作用；但是企业最先考虑的因素是利润的最大化。企业在决策前要对可选研发模式的最大化利润进行估计，通过方案比选流程筛选出能够实现最大利润的研发模式；然而，最大利润的实现与组织学习能力、自主研发能力及技术溢出程度有关，因此，企业最终决定应用哪种研发模式要根据企业自身学习能力水平以及技术溢出水平进行选择。

# 第二节　创新网络中企业合作研发的协同演化

本章从协同博弈理论实践出发，探讨创新网络中企业合作研发的演化过程。企业在创新网络中寻找研发合作伙伴和合作机会的过程可通过博弈分析得出。

在博弈分析中，一般以实现利润最大化为企业决策目标，博弈模型基于生产和需求函数而构建。这里的利润最大化被界定为：一定期间内行业内企业的经营收益最大化；市场占有率被界定为在同一商品市场中，某个企业能力的产品占整体的比例以及该企业对市场的控制。企业的市场占有率高证明企业从事生产经营且市场竞争的能力较强；市场占有率的提升直接带动企业竞争力的提升，企业在行业中能够保持垄断优势。因此，企业在行业市场中对市场占有率的划分过程也是企业创新网络形成的过程。本研究基于一般博弈模型构建的过程，选取利润最大化及市场占有率作为分析目标。简化后的一般模型如下，基于一般博弈模型进而在不考虑协同效应和考虑协同效应两种情况下进行博弈分析。

本研究一般博弈模型假设条件包括：

假设条件1：本研究将博弈主体分为两类：一类是创新网络中的核心企业 A；另一类是创新网络的边缘参与者 M。创新网络的边缘参与者 M 可被视为目前该行业市场占有率为 0，但是有可能直接参与行业创新，有助于核心企业 A 提升市场占有率的组织，如科研机构、高等院校、政府机构、中介组织以及可提供创新资源的供应商。

假设条件 2：本研究将创新网络中两主体合作创新过程定义为产品交易过程，研发以外的合作关系不予考虑，从而简化分析。本研究博弈分析对象为行业核心企业 A 及研发合作对象 M。

假设条件 3：研发合作对象 M 的单位生产成本和产品出售价格为 $C_M$ 和 $P_M$；行业核心企业 A 研发投入成本 $C_A$，新产品或新技术的 N 数量不变 $q_N = q_M$，行业核心企业产品出售价格为：$P_N$。

假设条件 4：博弈主体 A 和 M 的收益概率分布均为均匀分布。

假设条件 5：博弈主体 A 和 M 在完全信息条件下进行无限重复博弈。

设博弈主体 A 和 M 的市场总产量 $Q_N = q_M + q_N$，其中，核心企业产品销售量为 $q_M$，研发合作对象的总产量为 $q_N$；假设研发合作对象的生产投入成本为 $C_o$，$P_N = a - bQ_N$，为反需求函数，且 a，b 取值均大于 0。合作研发对象可得的利润：$\prod M = (p_M - C_M) Q q_M$；创新网络中的核心企业 A 的可得利润：$\prod A = (p_A - C_M - C_o) Q q_N$。研发合作对象与行业核心企业可选择的策略包括：本企业利润最大化策略和合作研发联盟利润之和最大化策略，即竞争的合作研发策略和合作的合作研发策略；因此，组合博弈策略表现为：M 可选合作或竞争，A 可选合作或竞争，进而可以出现四种博弈组合策略。

## 一、不考虑协同效应的合作博弈

不考虑协同效应合作博弈形式分别为：竞争与竞争型博弈。

### （一）模型建立

1. 假设某行业中生产无差异产品的两家企业（$i$，$j$），其反需求函数：

$$p = a - b(q_i - q_j) \tag{5-1}$$

2. 设 $x_i$ 为产品生产成本降低的幅度，企业 $i$ 能够通过加大企业自主研发投入，或借助技术溢出效应及技术吸收实现外部技术转移，从而实现有效成本的降低：

$$X_i = x_i + \beta z_i^m x_j \qquad (5-2)$$

其中，$\beta(0 \leq \beta \leq 1)$ 代表技术溢出水平；

$z_i(0 \leq z_i \leq 1)$ 代表企业的技术学习能力；

$m(0 \leq m \leq 1)$，如果 $z_i$ 对于 $x_i$ 来说较小，则增大 $m$ 可以降低 $z_i$ 对 $x_j$ 的边际收益效益。

3. 假设企业加大研发投入仅能达到降低单位生产成本的目标，并假设同行业中两企业初始单位生产成本相同 $c(0 \leq c \leq a)$，且假设两企业均无固定成本，$(c - x_i)$ 代表企业边际成本降低来源于企业研发投入的增加，则企业生产成本函数如下：

$$c_i = c - X_i = c - x_i - \beta z_i^m x_j \qquad (5-3)$$

4. 设企业 $i$ 开展研发活动的成本为 $y_i$，假设研发投入呈现规模收益递减趋势，推知 $f'(y_i) > 0$，$f''(y_i) < 0$，借鉴卡迈恩（Kamaien）等人采用的简化方式，假设：

$$y_i = \frac{r}{2} x_i^2 + \frac{\alpha}{2} z_i^2 \qquad (5-4)$$

其中，$r > 0$，$\alpha > 0$，$r$，$\alpha$ 为研发投入函数的参数。

## （二）不考虑协同效应的博弈模型求解

合作主体和核心企业在合作研发过程中均以自身利润最大化为目标；核心企业限定需求产品数量的条件下，合作主体要对创新产品进行合理定价；根据已定价格和预期利润，核心企业对产品最优产量进行预测。利用动态博弈的逆向归纳法则，核心企业利润最大化的条件为产量达到 $q_N$；当利润对产量的一阶导数为 0 时，即边际收益与边际成本相等，推导过程如下：

$$\frac{d \prod A}{dq_N} = \frac{d(p_A - p_M - C_A) q_N}{dq_N}$$

$$= \frac{dp_A}{dQ_N} \frac{dQ_N}{dq_N} q_N + p_A - p_M - C_A = 0$$

$$\frac{p_A - p_M - C_A}{p_A} = \frac{dp_A}{dQ_N} \frac{Q_N q_N}{p_A Q_N}$$

$$p_A = \frac{p_M + C_A}{1 - \beta/E} \qquad (5-5)$$

其中，$E = \dfrac{\mathrm{d}Q_N}{\mathrm{d}p_A} \dfrac{p_A}{Q_N}$；$\beta = \dfrac{q_N}{Q_N}$；分别表示在产量最优条件下的核心企业需求价格弹性及行业市场占有率。$P_N$ 为供求均衡条件下产品的出清价格，$q_N$ 为核心企业供求均衡条件下的产销量，此时需求函数表示为，$p_A = p_N = a - bQ_N$，则：

$$E = -d(a - p_A/b)p_A/dp_A(a - p_A/b)$$
$$E = p_A(a - p_A) \qquad\qquad (5-6)$$

基于上述公式推导 $p_A$ 和 $E$ 后，对不考虑协调效应的博弈模型进行求解，为进行不同市场条件下的比较分析做准备。

**1. 求解市场占有率**

由 $p_A = \dfrac{p_M + C_A}{1 - \beta/E}$ 可得，

$$\beta = [p_A - (p_M + C_A)]/(a - p_A) = q_N/Q_N \qquad (5-7)$$

其中，$b = [a - (P_M + C_A)]/(q_N + Q_N)$，在创新网络中核心企业与其他研发参与主体涉的参数 $b$ 在经济学意义上相同，可界定为 $b = (a - c)/Q_N + q_N$，所以对于其他研发参与主体有 $b = (a - c_0)/Q_N + q_N$，$q_M = Q_N - q_N$，代入化简得市场占有率：

$$\beta = \dfrac{a - 2(p_M + c_A) + c_0}{2a - p_A - (p_M + c_A) - c_0} \qquad (5-8)$$

**2. 利润的求解**

$$Q_N = \dfrac{a - P_A}{b} = [a - (p_M + c_A)/(1 - \beta/E)]/b = [a - (p_M + c_A + c_0)/3]/b$$

$$= [2a - (p_M + c_A) - c_0]/3b \qquad (5-9)$$

又 $\beta = q_N/Q_N$，推导出核心企业产品产量 $q_N$，考虑到市场供给均衡条件下，供给与市场需求平衡得到：$q_N = q_M = (a - 2p_M - 2c_A + c_0)/3b$，

$$\prod A = (p_M - c_A - c_0)q_M = (a - 2p_M - 2c_A + c_0)^2/9b \qquad (5-10)$$

$$\prod M = (p_M - c_M)q_M = (p_M - c_M)(a - 2p_M - 2c_A + c_0)/3b \qquad (5-11)$$

研发合作者最大化其自身利润 $\prod M$ 时的价格 $p_M$，可推导出研发合作者、行业中核心企业获得收益，以及合作对象利润之和：

$$\prod A = (a - 2p_M - 2c_A + c_0)^2 / 36b \qquad (5-12)$$

$$\prod M = (a - 2p_M - 2c_A + c_0)^2 / 25b \qquad (5-13)$$

$$\prod M + A = 5(a - 2c_{AM} - 2c_A + c_0)^2 / 72b \qquad (5-14)$$

## 二、考虑协同效应的合作博弈

考虑协同效应合作博弈形式分别为：合作与竞争型博弈；竞争与合作型博弈；合作与合作型博弈。

### （一）合作与竞争组合策略博弈模型建立与求解

合作博弈初始阶段，博弈双方促成合作的意愿较强，合作参与方会关注彼此的收益情况，一般会以总利润最大化为目标；创新网络中的核心企业具有网络优势，此时仍然希望实现自身收益最大化。合作与竞争组合策略博弈模型及求解如下：

$$p_A = \frac{a + p_M + c_A + c_0}{3}$$

$$q_N = q_M = \frac{c - 2p_M - 2c_A + c_0}{3b}$$

$$\prod A = (p_A - c_M - c_0) q_M = (a - 2p_M - 2c_A + c_0)^2 / 9b$$

$$\prod M = (p_M - c_M) q_M = (p_M - c_M)(a - 2p_M - 2c_A + c_0) / 3b$$

为了双方最大利润的实现，求一阶条件为总利润的和出售价格导数等于0，则：

$$\frac{\partial (\prod A + \prod M)}{\partial p_M} = \frac{-a - 5p_M - 6c_M + 2c_A - c_0}{9b} = 0$$

$$P_M = \frac{-a + 6c_M + 2c_A - c_0}{5} \qquad (5-15)$$

由上，可以得到创新网络中核心企业自身利润、合作研发其他企业、合作研发伙伴利润的和：$\prod A = (a - 2c_M - 2c_A + c_0)^2 / 5b$；$\prod M = -(a - 2c_M -$

$2c_A + c_0)^2/8b$；$\prod A + \prod M = (a - 2c_M - 2c_A + c_0)^2/8b$；市场占有率为：

$$\beta = \frac{a - 2(p_M + c_A) + c_0}{2a - (p_M + c_A) - c_0} \qquad (5-16)$$

$$p_M = \frac{-a + 6c_M + 2c_A - c_0}{5} \qquad (5-17)$$

### （二）竞争与合作组合策略博弈模型建立与求解

与合作和竞争博弈不同，合作研发初期核心企业采取总体利润最大化策略，其他合作企业以各种利润最大化为目标，模型求解过程：

$$\prod A + \prod M = (p_M - c_M)q_M + (p_A - p_M - c_A)q_M \qquad (5-18)$$

在博弈后期进行动态博弈的逆向归纳，合作研发核心企业根据总体利润最大化来确定产量，设利润对产量的导数为一阶条件取值为 0，此时边际收益与边际成本相等，关系表达式为：

$$\frac{d(\prod A + \prod M)}{dq_N} = \frac{dp_A}{dQ_N}\frac{dQ_N}{dq_N}q_N + p_A - c_A - p_M + p_M - c_M = 0$$

$$\frac{p_A - c_A - c_M}{p_A} = \frac{dp_A}{dQ_N}\frac{q_N Q_N}{p_A Q_N}$$

### 1. 市场占有率求解过程

令 $E = \frac{dQ_N}{dp_A}\frac{p_A}{Q_N}$；表示在产量最优条件下核心企业需求价格弹性：$\beta = q_N/Q_N$，则 $\beta/E = (p_A - c_A - c_M)/p_A$；$p_A = (c_A + c_M)/(1 - \beta/E)$ 由前文知 $E = p_A/(a - p_A)$，由 $p_A = (c_A + c_M)/(1 - \beta/E)$ 得：$\beta = [p_A - (c_A + c_M)]/(a - p_A)$，$p_A = p_N = a - bQ_N$。

$$\beta \frac{a - bQ_N - (c_A + c_M)}{a - (a - bQ_N)} = \frac{q_N}{Q_N} \qquad (5-19)$$

$$b = [a - (c_A + c_M)]/(q_N + Q_N) \qquad (5-20)$$

由于研发博弈的后期参与方倾向于采取合作策略，合作研发双方可被视为一个整体，又已知：

$$b = (a - c_0)/(Q_N + q_N)$$

所以得到

$$\beta = \frac{a - 2(c_M + c_A) + c_0}{2a - (c_M + c_A) - c_0} \tag{5-21}$$

**2. 利润求解过程**

将 $E$，$\beta$ 代入 $p_A = (c_A + c_M)/(1 - \beta/E)$ 得到：

$$p_A = \frac{a + c_M + c_A + c_0}{3} \tag{5-22}$$

$$Q_M = \frac{a - p_A}{b} = \frac{2\alpha - (c_M + c_A) - c_0}{3b} \tag{5-23}$$

$$q_M = \frac{a - 2(c_M + c_A) + c_0}{3b} \tag{5-24}$$

将 $p_A$，$q_N$ 代入得双方的利润总和为：

$$\prod A + \prod M = (p_A - c_M - c_0) q_N = (a - 2c_M - 2c_A + c_0)^2/9b$$

由于合作主体选择价格 $p_M$ 最大化其自身利润，所以合作主体的利润为：$\prod M = (a - 2c_M - 2c_A + c_0)^2/9b$；合作主体实现自身利润最大化，目标是占有全部收益，此时研发网络中核心企业利润，$\prod A = 0$ 则：

$$p_M = \frac{(a - 2c_M - 2c_A + c_0)}{c_M} + c_M \tag{5-25}$$

**3. 合作与合作组合策略博弈模型建立与求解**

与上文推导过程相同，得到：

$$p_A = \frac{a + c_M + c_A + c_0}{3} \tag{5-26}$$

市场占有率为：

$$\beta = \frac{a - 2(c_M + c_A) + c_0}{2a - (c_M + c_A) - c_0} \tag{5-27}$$

$$q_M = \frac{a - 2(c_M + c_A) + c_0}{3b} \tag{5-28}$$

双方的利润总和为：

$$\prod A + \prod M = (p_A - c_M - c_0) q_N = (a - 2c_M - 2c_A + c_0)^2/9b$$

为使双方的利润均实现最大化，为体现两者的平等地位，则假设双方收益均等，即一种新的均衡条件 $\prod A + \prod M = (a - 2c_M - 2c_A + c_0)^2/18b$；

此时，$p_M = (a - 2c_M - 2c_A + c_0)/6b$；在合作与合作动态博弈组合策略中，研发合作主体和核心企业将总利润进行平均分配。在博弈后期，由第三和第四种动态博弈模型可知，$p_M$ 与市场占有率、最优出售价格以及最优产量的确定无关，三者皆为固定值；同时总利润也为固定值；此条件下，研发合作主体能够选择 $p_M$ 的数值以实现每种模型的目标。

## 第三节　不同组合策略的博弈比较分析

本研究以市场占有率和利润为博弈分析目标，以上动态博弈模型的推导过程显示出四种组合策略动态博弈的市场占有率排序：合作—竞争组合策略 > 合作—合作组合策略 = 竞争—合作组合策略 > 竞争—竞争组合策略；四种组合策略动态博弈的总利润水平由高到低排序：合作—竞争组合策略 > 合作—合作组合策略 = 竞争—合作组合策略 > 竞争—竞争组合策略。

### 1. 四种组合策略的利润分析

合作—竞争组合策略中研发合作主体的利润为负值，此时研发合作主体拒绝采取此策略；在竞争—合作组合策略中核心企业的利润为零，此时核心企业拒绝采取此策略。上述两种组合策略均不能达到纳什均衡，属于无效的组合策略。

在竞争—竞争组合策略中，合作研发双方的利润均为正值，但是双方的利润额都比较小；在合作—合作组合策略中双方的利润均等，且利润之和较大，该组合策略能够实现纳什均衡，可以作为有效的组合策略。因此，从利润角度分析得出合作—合作组合策略为最优策略。

### 2. 四种组合策略的市场占有率分析

合作—竞争组合策略能够达到市场占有率最大，然而合作研发双方的利润值为负，该组合策略不能够实现纳什均衡，为非有效组合策略。合作—合作组合策略和竞争—合作组合策略，其中竞争—合作组合策略核心企业的利润为零，也无法达到纳什均衡，为非有效的策略。最终，合作—合作组合策略为最优。

考虑影响因素为利润和市场占有率、核心企业与合作研发主体采取合作—合作组合策略时，双方利润之和较大且均等，能够达到纳什均衡。因此，合作—合作组合策略是创新网络中合作研发的最优策略。通过动态博弈分析，在创新网络中行业核心企业与研发合作主体选择合作—合作组合策略能够在利润和市场占有率两方面同时实现最优。

## 第四节　创新网络中合作研发的协同合作效应分析

### 一、合作研发的剩余效应

基于理论分析，协同效应只是协同创新网络中的多重效应之一。就取得的收益而言，一个具有完整体系，且合作伙伴彼此关系紧密的协同创新网络可能要高于单个创新主体。在成熟、运行高效的协同创新网络之中，贸易壁垒消除、运营成本以及研发成本最小，规模经济产生都可以通过市场一体化解决。因为公共资源的高效运营，各种资源的边际效益最大化可以通过系统统筹来实现。通过合作可以获得高素质的研发人才，学习到前沿研究成果或掌握到领先技术知识，追溯特殊问题的理论知识根源。

当政府经费紧缩时，院校可以通过一个重要的来源即产业界获得研发经费；不同于政府经费，产业界的经费在运用上受到的制约较少；而且师生可以通过与产业界的合作研发活动接触，更好地把握实际问题。协同效益增加的同时，利润以及社会福利也在增加。

非协同状态下出现的一系列负面效果，在整体性协同效应出现时，通过系统子系统间的良性互动、彼此配合、同向合作得到了降低或消除，进而使内耗以及重复研发现象得到减少或避免，充分提高了在协同创新中相关要素以及相关系统的耦合度，最终提升系统整体效应，实现整体效应大于部分效应之和的状态。

在信息充分的条件下，通过"合理分工＋适度竞争＋互补融合"三个维度的互补效应达到形成与增进协同剩余的目的。其中涵盖：通过协同创新主体之间的关系，搭建创新主体之间及其与地方政府之间的信息技术交流平台，使得协同创新的主体不受地区和距离的限制，可以充分利用创新资源，推动行业外部规模经济效应的实现。运用创新协同的方式，为每个协同创新主体提供最优的整合或组合方案，从而推动创新行为整体优势，最终推动协同经济效应的产生。

从经济学原理的视角分析，传统的创新模式与协同创新模式相比，可以用相同的成本取得更多的收益也可以说在获取相同收益的时候降低了成本，还有可能成本和收益都因此而增加，但是收益增加的程度大于成本增加的程度，这就是在协同创新网络中有关于形成和发展的关键问题。

在创新过程中，有大致四类的成本：第一是组织成本，涵盖了在开展创新活动需要在人力、机构和组织管理方面投入的费用；第二是过程成本，涵盖了在技术获取方面、研发方面、试生产及试运行方面的成本；第三是风险成本，这主要指在创新过程中，由不确定性导致已投入研发的研究项目失败的成本；第四是政治成本，主要涉及外部政治或政策环境变化引发企业研发创新项目价值减损的成本。这主要是指创新主体在制度创新改变时对自身仕途影响的成本。协同创新具有降低创新成本和提升创新效率的特点。具体表现为：第一，在创新网络中的每一个协同创新主体保持互动状态，进行信息资源的共享也可以共用公共技术，使重复建设和重复研发有效地降低了，并且降低了投入成本，使创新资源利用率得到提高，使创新行为的有效性增强；第二，各个创新组织在协同创新过程中相互协调合作，增强了彼此间的信任，降低了合作研发过程中组织间的交易成本；第三，协同创新能够通过降低不确定性而降低创新成本，也就意味着，创新的风险成本可以避免或减少。

早期的研究表明：合作创新和技术溢出水平成正比例关系，所以合作研发时的社会福利水平往往优于单一主体研发的状况。然后技术溢出的控制会阻碍社会福利效应的实现。此外，自然环境、地理环境还有各国不同结构的差异，使在竞争不断加剧、科技迅速发展的道路上越来越依赖伙伴的创新资源和外部创新资源，此时将合作参与方的资源和能力进行整合，既能够满足科技发展需要，也能够促进协调效应的实现。技术和知识的突破性创新成果，往往来源于跨组织及跨学科知识的整合。

协调效应对知识、技术和供应的创新促进表现如下：第一，同时实现创新知识互补和合作研发优势。第二，技术和知识的突破性创新成果；第三，能够将技术进行转移，从而推动跨越式技术的发展。有效的技术转移正是因为协同创新而出现的形式，这种新形式可以使技术有跨越性的发展，并且提高了竞争优势。第四，重新开拓出资源和能力。

就大范围而言，在创新行为方面，企业和院校相互之间存在明显的互补性和依赖性，在大学中构成供需市场的双方正是扩散大学知识的需要与知识源的协同创新需要。所以在具有强大资源、结构和功能互补的创新主体之间隐含着联合与合作的巨大潜力。

## 二、合作研发的竞争与合作效应

将现代化的信息技术作为技术平台，将共同加强研发速度并提高质量作为目标，将共享院校、企业之间的知识和技术作为前提，创建新的主体、跨越空间和地域的阻碍的组织模式被称为协同创新网络。协同创新网络最显著的特征表现为：信息交流方式的质变，即交流方式不再局限于面对面，而转变为面向信息技术和网络平台，正因为这个原因协同创新网络所需的空间范围不再仅仅局限于区域中，而向更大范围扩张。

除一般网络组织所具有特点外，协同创新网络还具有其自身的特点：一是通过协同创新网络平台，每位成员都能够查询到所需的知识和技术；传统中的竞争都是以打败竞争对手为目的，但是在协同创新网络中他们的关系是相互依存，实现在合作中竞争寻求创新，在竞争中合作共同进步。二是创新网络组织不集中。协同创新网络的基础目标是协同研发技术，所以不一定要建立实体组织；另一种联合协同形式，能使创新成果在产生过程中降低风险，并且保质保量的前提就是借助网络优势与他人合作扬长避短。三是范围广。与合作研发相比，参与网络中的成员在行业和地区方面都没有限制，这也保证了协同创新网络更为广泛的来源；合作研发的战略性表现在：创新网络中的成员以企业长远利益着眼，有合作创新意愿，能够不断提高和完善长久的营销环境。基于协同的网络创新过程，企业创新的主要目的不只是获得竞争优势的需要，协同创新参与方采取人力资源、资金、技术、服务以及创新成果的共享策略，使协同创新能力和创新成果价值得到提升。研发重大的研究项目，防止技术外溢而导致市场失灵。在技术方面，人才流动方面进行协同，使公司之间的信任度得以提高，从而使协同创新模式得到深化。

为了使社会需要的研发资源得到集中，应该建立健全的创新网络，增大与外界环境的接触，从而使企业处理信息的效率得到提高。外部的网络将被分为多个环节，使原先单位个体网络创新更好地分化执行，使收集相关信息的广度和深度得到拓展，从而把握创新环境中的变化。

为了更好地推动科技的发展，由各个创新主体将创新流程专业知识和技能进行汇总分享，使创新主体进行信息交流，技术知识学习，提高运行效率，改变原先稀缺、难以模仿的创新资源的恶性状态，降低市场的不确定性。其实，谁会具备竞争优势取决于谁会在竞争中更好地学习，拥有更多的知识。任何技术优势都会被学习模仿，只有不断学习，才可以始终保持企业的竞争优势。研发的合作行为创造了组织间学习的机会，组织间互动学习，使组织研发能力得以提高，在前沿技术领域得以发展。企业处于协同创新网络中，其技术研发专注于某一特定领域，协同创新网络使创新成功率大大提高，并使创新周期得以缩短。对于现在这个速度化的时代，创新优势尤为重要，创新优势已经成为时代的象征。

# 本 章 小 结

对企业在创新网络中应如何选择研发合作对象和选择过程遵循的原则、步骤进行归纳得出，企业在进行选择研发模式时应遵循的基本原则包括：成本降低的原则、研发收益最大化原则和知识管理原则；考虑企业研发模式选择过程的完整性，企业已将研发成本控制、研发收益最优化及组织间学习为原则，结合对比分析在各种策略下的合作研发最大收益率，进而做出选择。选择包括两个步骤，即对企业合作研发不同组合的最大化利润进行测算和选择利润最高的合作研发伙伴组织。

从协同博弈理论实践出发，对创新网络中企业合作研发的演化过程进行研究发现，企业在创新网络中寻找研发合作伙伴和合作机会的过程可通过博弈分析得出。以市场占有率和利润作为博弈分析目标，动态博弈分析发现，四种组合策略动态博弈的市场占有率排序为：合作—竞争组合策略 >合作—合作组合策略 = 竞争—合作组合策略 > 竞争—竞争组合策略；四种组合策略动态博弈的总利润水平由高到低排序：合作—竞争组合策略 > 合作—合作组合策略 = 竞争—合作组合策略 > 竞争—竞争组合策略。协调效应对知识、技术和供应的创新促进表现如下：第一，同时实现创新知识互补和合作研发优势。第二，技术和知识的突破性创新成果。第三，能够将技术进行转移，从而推动跨越式技术的发展。有效的技术转移正是因为协同创新而出现的形式，这种新形式可以使技术有跨越性的发展，而且提高了竞争优势。第四，重新开拓出资源和能力。

# 第 六 章

# 企业创新网络对企业创新绩效的实证研究

行业创新网络中，企业的创新能力水平与创新绩效之间存在相关性。本章对创新网络、企业创新能力及创新绩效的关系进行深入探讨。基于理论分析提出假设检验模型，对创新网络、企业创新能力及创新绩效进行实证研究，以明晰创新网络、创新能力及创新绩效的影响关系及作用机制。

## 第一节　研究假设

本章将分别从企业外部环境层、企业资源层、企业战略层三个层面基于已有研究探讨企业创新能力与创新绩效的关系，并检验创新网络中企业网络地位优势和主体网络关系在企业创新能力与创新绩效影响关系中的调节作用，提出研究假设过程如下。

### 一、企业战略层面创新能力与创新绩效

#### (一) 企业创新决策能力

企业战略层面有关创新的不同决策直接影响到创新要素配置的效率，进而对企业创新绩效产生不同程度的影响。已有研究显示企业不同创新战略决策行为与企业创新绩效之间存在关联，企业对自主型和合作型创新战

略的选择会影响企业未来的创新绩效。马俊美等关注战略决策速度，通过实证研究发现，企业创新活动参与度及战略决策反应速度对创新绩效有正相关影响，即企业战略决策自主性越强、决策反应速度越快，企业越能够提高创新绩效。王玉荣等通过对制造业企业创新战略选择的研究发现，低端创新战略对提高制造业企业的创新绩效和动态乘数绩效更加高效，并能够使企业快速扩大市场份额；而采取高端创新战略有助于企业扩大声誉并树立差别化竞争的形象。企业创新战略决策能力一方面可以通过创新的选择战略方式体现，另一方面表现在创新战略的决策反应速度。因此，根据上述分析提出研究假设：

H1：企业创新决策能力与企业创新绩效正相关。

## （二）企业自主研发能力

企业自主研发能力是决定企业创新绩效的关键因素。技术自主研发能力被视为企业最重要的自主研发能力的表现。此外，企业自主创新能力还体现在创新团队组织能力、资源整合能力、环境适应能力等方面。何庆丰等研究发现，企业自主研发投入量与创新绩效正相关，对于不同行业企业主体的研发活动，研发投入与创新绩效的相关程度存在差异。郑建君等关注企业员工的个体研发能力与企业创新绩效的关系，研究发现两者之间呈显著正相关，且个体创新意愿在两者关系中起到中介作用。罗震世等从企业资源整合角度对技术创新绩效进行研究并发现，研发经费投入量对创新绩效产生正向影响效应，研发经费投入量与研发人员能力水平会交互影响企业创新绩效。曹勇等在创新绩效研究中引入环境因素，认为开放式创新环境下，企业研发管理程度对企业创新绩效具有显著的正向促进作用。此外，还有学者将企业技术创新能力细分为技术吸引力和技术创新力，研究发现两种细分的技术创新能力均对企业创新绩效产生显著影响。企业自主研发能力不仅表现为企业的技术创新，还包括：研发投入、资源整合、企业外部环境因素控制、企业合作关系、战略规划等方面。因此，根据上述分析提出研究假设：

H2：企业的自主研发能力与企业创新绩效正相关。

## 二、企业资源层面创新能力与创新绩效

### （一）企业创新资源取得能力

创新资源取得能力作为影响企业创新成败的关键影响因素一直受到学界的关注。尤其在创新网络中，企业的资源组织与整合的有效性能保障企业能够持续创新。考虑到创新战略决策的重要性，能够支持创新决策的信息资源是创新资源中最为重要的。当前，创新知识的获取和管理也是提高企业创新能力和创新绩效的核心竞争资源。此外，创新资金的投入也是企业开展创新活动的关键支撑要素。企业仅依靠内部资源进行创新显然存在困难，于是，在创新网络中，企业之间的资源共享行为越来越普遍，创新资源共享过程是双向的且互动的行为，能够促进彼此的创新绩效增长。彭正龙等发现，企业研发过程中资源共享的效率、资源输出量与资源接受量均对企业创新绩效产生影响。蒋旭灿等通过对创新资源与创新绩效进行实证研究发现，两者间存在显著正向相关影响。杨潇等对企业内部个体员工素质与服务创新与组织创新关系进行研究发现，员工个体素质促进企业服务创新与组织创新，同时对企业创新程度也产生正面影响。因此，根据上述分析提出研究假设：

H3：企业创新资源取得能力与企业创新绩效正相关。

### （二）企业人才培养能力

企业员工个体能力的培养与提高对企业创新能力产生直接影响。企业通过规范管理制度和激励机制设计对企业人力资源进行管理，从而提升员工个体创新能力和创新意愿。企业人才培养能力是企业提高创新绩效的基本手段，有效的人员配置和培养方案设计是提高企业整体创新能力和行业竞争力的关键。鲍泓等提出组织认同有助于提高技能型员工的工作稳定性，为创新研发活动的开展提供人力资源保障；引导该员工提升对知识管理的意识，鼓励员工间共享知识、创造知识，以实现企业创新绩效的改善。因此，根据上述分析提出研究假设：

H4：企业人才培养能力与企业创新绩效正相关。

(三) 企业创新网络关系协调能力

在行业创新网络中，企业创新不能只依赖内部自主研发，创新效率受到外部创新网络环境影响。企业作为创新网络的节点，它们之间关系的构造多样。如果在该网络中，企业能够有效组织和协调结点间的关系，则能够实现创新效率提升、创新风险分担和创新质量提升。网络主体间通过合作创新活动进行知识、信息及思路的共享；网络主体间的互动频繁度与创新效率正相关。潘泰利 (Panteli) 等研究发现，创新网络中企业主体合作研发处于冲突状态，但冲突能够增强合作主体间的紧密度从而对创新绩效产生促进作用。张荣祥等提出行业中创新网络构建与关系维护对进入期的企业创新绩效的提升最为重要。刘衡等通过对创新网络中企业主体间关系形成的过程进行研究发现，组织间沟通的有效性对企业的创新绩效实现起到中介作用。因此，根据上述分析提出研究假设：

H5：企业创新网络关系协调能力与企业创新绩效正相关。

## 三、企业外部环境层面创新能力与创新绩效

企业开展创新活动所处的不同外部环境对企业创新绩效会有不同影响。尤其在创新网络中，基础设施水平、人员素质、经济环境和制度环境对企业创新能力和创新绩效的改善有促进作用。李伟铭等通过研究政府的技术创新政策与企业创新绩效的关系发现，政府政策对企业创新影响的两条路径：一是政府技术创新政策影响企业资源投入进而影响创新绩效；二是政府技术创新政策影响组织激励进而影响创新绩效。张莹等认为公共基础设施、行业市场需求、人员素质对区域创新绩效具有显著正相关的影响，同时创新网络中融资环境和创业水平与创新绩效关系不显著。徐彪等研究发现，直接影响创新绩效的环境因素包括人力资源环境、文化环境和制度环境，其中具有正向调节作用的因素为人力资源环境和文化环境因素，而未验证公共基础设施环境对创新绩效的影响关系。因此，根据上述

分析提出研究假设：

　　H6：创新的外部网络环境适应能力与企业创新绩效正相关。

## 四、网络地位优势与创新绩效

　　乔伊（Choi）等研究发现，企业在创新网络中的位置越高企业各个维度创新能力越易于提升。钱锡红等对处于网络中心地位的企业进行研究发现，网络地位越高企业提升创新绩效的幅度越大；并发现企业间接联系与企业创新绩效的影响关系，间接联系与企业的网络地位有关，处于网络边缘的企业比处于网络中心的企业从间接联系中获得更多的创新效益。刘凤朝等通过对网络结点、网络位置与创新绩效的研究发现，能显著促进创新绩效提升的网络因素包括网络位置、结点属性和联系强调。彭新敏等通过对创新网络中企业技术战略与产品创新绩效关系的研究发现，技术战略与产品创新绩效正相关，且网络地位对两者关系有正向调节作用。彭伟等的研究发现，企业在行业创新联盟网络处于中心地位的程度与创新绩效间存在正向相关关系，内部资源对两者关系有负向调节作用。党兴华等通过研究发现，网络中心地位与地理临近程度对创新绩效产生交互作用，且对创新绩效有正向影响。因此，根据上述分析提出研究假设：

　　H7：网络地位优势正向调节企业创新能与企业创新绩效正相关关系。

　　H71：网络地位优势正向调节企业创新决策能力与企业创新绩效正相关关系。

　　H72：网络地位优势正向调节企业的自主研发能力与企业创新绩效正相关关系。

　　H73：网络地位优势正向调节企业创新资源取得能力与企业创新绩效正相关关系。

　　H74：网络地位优势正向调节企业人才培养能力与企业创新绩效正相关关系。

　　H75：网络地位优势正向调节企业创新网络关系协调能力与企业创新绩效正相关关系。

H76：网络地位优势正向调节创新的外部网络环境适应能力与企业创新绩效正相关关系。

## 五、企业网络关系与创新绩效

企业开展创新活动过程中客户的作用不容忽视。客户通过正式或非正式方式传达需求信息而影响企业创新。王广发等通过对 161 家企业的实证调研发现，服务创新绩效受到企业与客户关系属性的显著影响，关系属性对企业服务创新绩效起正向调节作用。于海云等的研究表明，创新战略、创新资源和创新能力对企业创新绩效产生直接影响，且企业网络关系对上述影响关系产生正向调节作用；即在资源丰富和技术能力较强的情况下，有效的网络关系能够增强资源优势和技术能力优势对创新绩效的积极影响。谢洪涛等通过对网络成员支持程度、战略决策影响与创新绩效的实证研究发现，网络成员支持程度与创新绩效有正相关影响，并且战略决策影响对上述影响关系有中介效应。尹润锋等研究发现企业领导者采取的对外合作行为对战略导向、合作创新绩效关系有显著的正向调节作用。刘婷等认为企业关系协调能力作为有效的补充，对企业市场适应能力与创新绩效的正相关关系起到显著正向调节作用。因此，根据上述分析提出研究假设：

H8：网络关系正向调节企业创新能与企业创新绩效正相关关系。

H81：网络关系正向调节企业创新决策能力与企业创新绩效正相关关系。

H82：网络关系正向调节企业的自主研发能力与企业创新绩效正相关关系。

H83：网络关系正向调节企业创新资源取得能力与企业创新绩效正相关关系。

H84：网络关系正向调节企业人才培养能力与企业创新绩效正相关关系。

H85：网络关系正向调节企业创新网络关系协调能力与企业创新绩效正相关关系。

H86：网络关系正向调节创新的外部网络环境适应能力与企业创新绩效正相关关系。

## 六、研究概念模型

本章从创新能力的三个层次出发，以创新网络为调节变量，研究企业创新网络和创新能力对创新绩效的影响。基于以上研究，提出本章研究的概念模型，如图 6 - 1 所示。

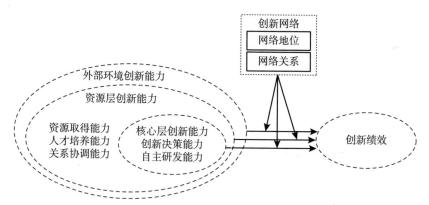

**图 6 - 1 企业创新网络与创新能力对创新绩效影响研究概念模型**

# 第二节 问卷设计与数据收集

## 一、问卷设计

问卷设计的合理性将影响到数据收集的准确性。本研究选择 Likert 五级量表进行变量测度，1 表示"非常不同意"，5 表示"非常同意"。对行业创新网络、企业三个层面创新能力及创新绩效等领域的文献进行回顾后，选取其中具有代表性的变量测度量表，设计了本研究的测量问卷；问

卷中变量的具体测量题项见表6-1。在确定测度变量前,对初步测度变量
进行了集中的分析和讨论,并进行分组专家讨论,针对测度变量的合理
性、有效性和可行性等进行专家讨论,征询意见后形成试调研问卷。随后
对该问卷进行小范围试调研,经过实证检验后剔除不合适的测度条款,最
终形成本研究测量问卷。

## 二、样本选择与抽样过程

本部分的研究以企业作为调研对象,每个被调研企业只限完成一份问
卷,问卷填写人为企业中层以上管理人员。调研企业选择为长三角经济
区。样本数据收集方式为问卷调查,问卷调查发放方式主要为书面调查和
电子邮件传输问卷调查。书面问卷由相关研究人员或调查单位的工作人员
发放,填写完后回收。为保证样本的代表性,使样本在行业、城市、规
模、性质和企业寿命周期阶段方面有所产业。因此,本书所采用的目标对
象方法名单来自各行业协会。

## 三、试调研样本数据分析

本研究问卷发放过程如下:共发放问卷113份,回收有效问卷85份。
基于问卷的描述性统计分析发现,问卷调查的对象企业相关属性变量分布
合理,符合本研究对样本的要求。

### (一)信度分析

信度检验以观察测度结果的一致性、稳定性及可靠性为目的,通常关
注测度结果的内部一致性的高低水平,并通过信度系数表示。内部一致
性、稳定性及可靠性越好则表现出的信度系数越高。内部的一致性高代表
问卷的题项间关系良好,稳定性好则说明使用问卷在不同时间或不同环境
下对同样的测度对象进行多次测度结果相近。多次测度的结果相关度高则
说明量表选择恰当且问卷设计合理。

**表 6 – 1** 变量测度题项

| 变量 | 指标 | 题项 |
|------|------|------|
| 创新决策能力 | $X_1$ | 面对市场、技术或产品的不确定性能及时进行决策 |
| | $X_2$ | 对市场、技术或产品总是做出及时而准确的决策 |
| | $X_3$ | 企业高层管理者的创新决策能力很强 |
| | $X_4$ | 能够快速将企业外技术、管理理念等创新思维引入本企业 |
| 自主研发能力 | $X_5$ | 企业自主研发投入能够满足实际情况 |
| | $X_6$ | 能保持在本行业技术更新的优势 |
| | $X_7$ | 拥有唯一属于本企业的核心技术 |
| 资源取得能力 | $X_8$ | 具有很强整合和获取资金、知识、人才、技术等创新资源的能力 |
| | $X_9$ | 善于与研发合作者共享资源 |
| | $X_{10}$ | 企业持续对原有资源进行整合及有效利用，提高效率和收益 |
| 人才培养能力 | $X_{11}$ | 企业加大对创新人才培训的投入 |
| | $X_{12}$ | 企业对创新人才的激励机制很健全 |
| | $X_{13}$ | 创新人才对企业有较强的认同感 |
| | $X_{14}$ | 企业总是能吸收到较优秀的创新型人才 |
| | $X_{15}$ | 企业对创新人才具有很强的吸引力 |
| 网络协调能力 | $X_{16}$ | 企业积极维护和发展与合作伙伴的关系 |
| | $X_{17}$ | 企业能够快速与合作伙伴建立合作关系 |
| | $X_{18}$ | 企业与伙伴合作时总能取得主导权 |
| | $X_{19}$ | 企业与合作伙伴的保持稳定合作关系 |
| | $X_{20}$ | 企业与合作伙伴保持较高的交流频率 |
| 外部环境适应能力 | $X_{21}$ | 市场对企业产品的需求稳定 |
| | $X_{22}$ | 企业所处的行业市场竞争环境良好 |
| | $X_{23}$ | 政府和行业制定了有利于企业发展和创新的制度 |
| | $X_{24}$ | 企业能够合理利用政策或制度进行创新 |
| | $X_{25}$ | 企业所处区域具有能够推动企业创新的经济和文化环境 |
| | $X_{26}$ | 企业的创新活动能够取得行业创新网络中其他主体的大力支持 |

| 变量 | 指标 | 题项 |
|------|------|------|
| 创新绩效 | $Y_1$ | 企业开发新产品的速度高于同行业企业 |
| | $Y_2$ | 企业开发的新产品市场占有率超过同行业企业 |
| | $Y_3$ | 企业开发的新产品销售比例在行业中具有优势 |
| | $Y_4$ | 企业产品创新的成功率较高且市场反应良好 |
| | $Y_5$ | 企业新产品的技术含量高于行业其他企业的新产品 |
| | $Y_6$ | 企业拥有较为先进的生产技术、工艺流程及设备 |
| 网络地位 | $Z_1$ | 企业在创新网络中的地位处于或接近网络中心 |
| | $Z_2$ | 企业总是得到研发合作伙伴的合作邀请 |
| | $Z_3$ | 企业所处创新网络中的其他企业总是对本企业很依赖 |
| | $Z_4$ | 企业所在创新网络规模很大 |
| | $Z_5$ | 企业所处创新网络中合作伙伴之间的关系密切 |
| 网络关系 | $Z_6$ | 各合作伙伴熟知彼此的产品、市场及生产过程 |
| | $Z_7$ | 各合作伙伴了解彼此的发展潜力和发展战略选择 |
| | $Z_8$ | 与企业合作的行为主体的属性呈现多元化 |

本研究调研问卷只发放一次，未进行问卷多次发放的检验。因此，选取常见的信度检验系数就克朗巴哈系数作为问卷题项一致性检验的指标。本研究采用 SPSS 20.0 对问卷进行信度检验，检验结果见表 6 - 2 及表 6 - 3 。信度检验结果显示，自变量和因变量的信度检验的 Cronbach's $\alpha$ 系数在 0.7 ~ 0.85 之间，说明问卷所选量表信度较好。问卷中的变量测度题项不需调整，问卷内部一致性较好。CITC 为项总计相关性，当 CITC 小于 0.5 时则该题项应该被删除。根据测算结果应该将 $X_{21}$，$X_{22}$ 两个题项剔除。调整后的外部环境适应能力部分测算结果 $\alpha$ 值为 0.817，CITC 均大于 0.5，通过检验。

表 6 - 2　　　　　　　　　创新能力项目总体统计量

| 指标 | CITC | 指标 | CITC | 指标 | CITC | 指标 | CITC | 指标 | CITC | 指标 | CITC |
|------|------|------|------|------|------|------|------|------|------|------|------|
| $x_1$ | 0.692 | $x_4$ | 0.579 | $x_8$ | 0.629 | $x_{11}$ | 0.682 | $x_{16}$ | 0.702 | $x_{21}$ | 0.429 |
| $x_2$ | 0.642 | $x_5$ | 0.573 | $x_9$ | 0.573 | $x_{12}$ | 0.729 | $x_{17}$ | 0.739 | $x_{22}$ | 0.402 |
| $x_3$ | 0.698 | $x_6$ | 0.749 | $x_{10}$ | 0.644 | $x_{13}$ | 0.884 | $x_{18}$ | 0.573 | $x_{23}$ | 0.557 |
|  |  | $x_7$ | 0.602 |  |  | $x_{14}$ | 0.726 | $x_{19}$ | 0.752 | $x_{24}$ | 0.642 |
|  |  |  |  |  |  | $x_{15}$ | 0.582 | $x_{20}$ | 0.578 | $x_{25}$ | 0.577 |
|  |  |  |  |  |  |  |  |  |  | $x_{26}$ | 0.587 |
| $\alpha$ | 0.805 | 0.811 | | 0.765 | | 0.852 | | 0.861 | | 0.761 | |

表 6 - 3　　　　创新绩效、网络地位和网络关系项目总统计量

| 指标 | CITC | 指标 | CITC | 指标 | CITC |
|------|------|------|------|------|------|
| $y_1$ | 0.599 | $z_1$ | 0.779 | $z_5$ | 0.649 |
| $y_2$ | 0.756 | $z_2$ | 0.673 | $z_6$ | 0.593 |
| $y_3$ | 0.732 | $z_3$ | 0.782 | $z_7$ | 0.664 |
| $y_4$ | 0.762 | $z_4$ | 0.682 | $z_8$ | 0.652 |
| $y_5$ | 0.698 |  |  |  |  |
| $y_6$ | 0.706 |  |  |  |  |
| $\alpha$ | 0.805 | 0.811 | | 0.765 | |

## （二）探索性因子分析

因子分析以寻求数据测度的基本结构为目的，通过探索性因子分析可以得到有效的因子来表示原来数据的基本结构。因此，本研究采用探索性因子分析并利用 SPSS 20.0 统计软件确定企业创新能力的层次结构和量表合理构成。

首先判断样本是否适合进行探索性因子分析，即观察 KMO 值和 Bartlett 球形度检验值，以确定样本量以达到标准且相关矩阵为非单位矩阵。参照标准选择 Kaiser 等的研究结论，即 KMO 值高于 0.6 时，表明样本量合适，不需要再扩大样本容量。通过观察 Bartlett 球形度检验值可以判断相关矩阵的性质，即 Bartlett 球形度检验值显著性水平值低于 0.05，可以确定其适合进行探索性因子分析。KMO 值和 Bartlett 球形度检验结果见表 6 - 4（为剔除题项 $X_{21}$，$X_{22}$ 后的结果）。检验结果显示，调研采样足够度 KMO 值为 0.869，高于 0.6，企业创新能力的采样足够度符合要求；Bartlett 球形度检验的显著性水平低于 0.001 的概率为 0，可以确保相关矩阵为非单位矩阵。因此，可以进行样本的探索性因子分析。

表 6 – 4　　　　　　数据样本的 KMO 和 Bartlett 检验结果

| 检验指标 | 数值 |
| --- | --- |
| KMO 值 | 0.869 |
| 近似卡方值 | 263.825 |
| Bartlett 球形度检验值 | 92 |
| Sig. | 0 |

利用 SPSS 20.0 软件运算之后抽取了 5 个因子，每个测量指标的因子都有大于 0.5 的载荷，符合统计要求，如表 6 – 5 所示（为剔除题项 $X_{21}$，$X_{22}$ 后的结果）。具体分析如下：

根据分析结果可以得出，创新决策能力、自主研发能力、资源取得能力、人才培养能力以及网络关系协调能力等五方面企业创新能力的指标分别对应五个因子，而外部环境适应能力中的指标 $X_{21}$ 在因子 4(0.411) 和因子 6(0.501)；指标 $X_{22}$ 在因子 3(0.463) 和因子 5(0.522)，且其最大因子载荷与其他多数测量指标最大载荷不在同一因子中；因为外部环境适应能力的测度指标 $X_{21}$ 和 $X_{22}$ 的数值差异明显，则将 $X_{21}$ 和 $X_{22}$ 剔除能够提高数据整体结构的合理性。剔除后的探索性因子分析结果见表 6 – 5（为剔除题项 $X_{21}$，$X_{22}$ 后的结果）。

剔除 $X_{21}$，$X_{22}$ 后新测量的最大因子载荷值均大于 0.5，且未出现因子载荷平均分布的情况，结果得到显著改善。总共提前 5 个因子对应企业创新能力中的创新决策能力、自主研发能力、资源取得能力、人才培养能力以及网络关系协调能力，具有良好的区分效度。

表 6 – 5　　　　　调整后的创新能力探索性因子分析结果（N = 85）

| 指标 | 描述统计 | | 因子载荷 | | | | |
| --- | --- | --- | --- | --- | --- | --- | --- |
| | 均值 | 标准差 | 1 | 2 | 3 | 4 | 5 |
| $x_1$ | 3.56 | 1.474 | 0.593 | 0.078 | 0.371 | 0.357 | 0.320 |
| $x_2$ | 3.48 | 0.904 | 0.805 | 0.115 | 0.083 | 0.300 | 0.082 |

| 指标 | 描述统计 | | 因子载荷 | | | | |
|---|---|---|---|---|---|---|---|
| | 均值 | 标准差 | 1 | 2 | 3 | 4 | 5 |
| $x_3$ | 3.65 | 1.106 | 0.633 | 0.388 | 0.141 | 0.112 | 0.355 |
| $x_4$ | 3.47 | 1.046 | 0.763 | 0.214 | 0.491 | 0.195 | 0.220 |
| $x_5$ | 3.34 | 1.118 | 0.264 | 0.516 | 0.351 | 0.396 | 0.115 |
| $x_6$ | 3.41 | 1.153 | 0.099 | 0.793 | 0.227 | 0.162 | 0.279 |
| $x_7$ | 3.58 | 1.204 | 0.158 | 0.829 | 0.107 | 0.190 | 0.045 |
| $x_8$ | 3.49 | 1.071 | 0.250 | 0.615 | 0.312 | 0.632 | 0.298 |
| $x_9$ | 3.39 | 0.978 | 0.163 | 0.675 | 0.476 | 0.447 | 0.475 |
| $x_{10}$ | 3.83 | 0.944 | 0.354 | 0.187 | 0.588 | 0.319 | 0.245 |
| $x_{11}$ | 3.47 | 1.164 | 0.379 | 0.579 | 0.776 | 0.211 | 0.265 |
| $x_{12}$ | 3.42 | 1.104 | 0.295 | 0.020 | 0.668 | 0.354 | 0.365 |
| $x_{13}$ | 3.21 | 1.021 | 0.252 | 0.270 | 0.751 | 0.484 | 0.207 |
| $x_{14}$ | 3.24 | 1.096 | 0.233 | 0.203 | 0.582 | 0.445 | 0.265 |
| $x_{15}$ | 3.03 | 1.173 | 0.029 | 0.004 | 0.738 | 0.656 | 0.227 |
| $x_{16}$ | 3.77 | 0.939 | 0.114 | 0.191 | 0.358 | 0.787 | 0.392 |
| $x_{17}$ | 3.48 | 0.914 | 0.252 | 0.293 | 0.197 | 0.632 | 0.427 |
| $x_{18}$ | 3.27 | 0.989 | 0.163 | 0.175 | 0.676 | 0.647 | 0.475 |
| $x_{19}$ | 3.68 | 0.811 | 0.102 | 0.029 | 0.199 | 0.730 | 0.306 |
| $x_{20}$ | 3.74 | 0.953 | 0.062 | 0.155 | 0.504 | 0.205 | 0.655 |
| $x_{23}$ | 3.73 | 0.961 | 0.633 | 0.388 | 0.141 | 0.112 | 0.655 |
| $x_{24}$ | 3.65 | 0.961 | 0.805 | 0.115 | 0.083 | 0.300 | 0.582 |
| $x_{25}$ | 3.67 | 0.993 | 0.379 | 0.579 | 0.176 | 0.311 | 0.665 |
| $x_{26}$ | 3.55 | 0.957 | 0.264 | 0.516 | 0.351 | 0.396 | 0.715 |

创新网络的探索性因子分析，KMO 样本测度和 Bartlett 球体检验结果中，KMO 值为 0.779 大于 0.6，且 Bartlett 统计值显著异于 0，因此适合进一步做探索性因子分析。经过与上文同样的过程对创新网络变量进行探索性因子分析，测度量表的所有指标的因子载荷值均大于 0.5，且未出现因子载荷平均分布的情况，所得结果显著。根据分析结果可以判定提取的 2 个因子对应：网络地位优势和网络关系；数据分析结果显示 2 个调节变量提取的 2 个因子具有较好的效度，见表 6 - 6。

**表 6 - 6**　　　　　　　　　　调节变量探索性因子分析结果

| 指标 | 描述统计 | | 因子载荷 | | 指标 | 描述统计 | | 因子载荷 | |
|---|---|---|---|---|---|---|---|---|---|
| | 均值 | 标准差 | 1 | 2 | | 均值 | 标准差 | 1 | 2 |
| $z_1$ | 3.64 | 0.891 | 0.804 | 0.483 | $z_5$ | 3.49 | 0.967 | 0.442 | 0.652 |
| $z_2$ | 3.54 | 0.888 | 0.739 | 0.383 | $z_6$ | 3.54 | 0.888 | 0.314 | 0.846 |
| $z_3$ | 3.58 | 0.912 | 0.759 | 0.345 | $z_7$ | 3.58 | 0.912 | 0.315 | 0.834 |
| $z_4$ | 3.37 | 1.101 | 0.768 | 0.329 | $z_8$ | 3.31 | 1.070 | 0.212 | 0.794 |

# 第三节　样本数据统计分析

样本数据的描述性统计分析，利用 SPSS 20.0 统计软件对自变量、因变量及调剂变量的测度量表的信度及效度进行检验。

## 一、描述性统计分析

本研究向长三角经济区企业共发放问卷 289 份，回收有效问卷 251 份，有效回收率为 86.85%。统计样本企业来自上海、江苏、浙江等 12 个省市，适用于本书的数据分析。企业发展的不同阶段划分为 4 个时间段。本书将传统行业与高技术行业对比进行统计，其中高技术行业涉及：IT 业、电子及通信行业、新材料业、新能源等；传统行业涉及机械制造、纺织业、化工制药业、建筑业等，本研究样本行业取样分布合理，具有很好的代表性，具体的样本统计分析省略。

## 二、研究变量相关性分析

为确定自变量创新绩效潜在变量与自变量之间是否存在显著的相关关系。利用 SPSS 20.0 统计软件计算相关系数矩阵分析变量之间的相关性，分析结果见表 6 - 7。从表中可以看出，创新决策能力、自主研发能力、资源取得能力、人才培养能力、网络关系协调能力、外部环境适应能力与创新绩效均表现出显著的相关性，各种能力之间也表现为显著相关关系。

表6-7　各变量间相关性

| | 均值 | 标准差 | 1 | 2 | 3 | 4 | 5 | 6 | 7 | 8 | 9 | 10 |
|---|---|---|---|---|---|---|---|---|---|---|---|---|
| 1 时间 | — | — | | | | | | | | | | |
| 2 成员人数 | 10.17 | 5.57 | 0.03 | | | | | | | | | |
| 3 企业性质 | 3.14 | 0.50 | 0.01 | 0.09 | | | | | | | | |
| 4 创新能力 | 3.26 | 0.36 | 0.02 | 0.14 | 0.82 | | | | | | | |
| 5 研发能力 | 3.44 | 0.15 | 0.04 | 0.02 | 0.38** | 0.77 | | | | | | |
| 6 资源获取 | 3.42 | 0.35 | 0.03 | 0.17 | 0.29* | 0.33* | 0.80 | | | | | |
| 7 人才能力 | 4.22 | 0.54 | 0.02 | 0.14 | 0.22 | 0.15 | 0.19 | 0.80 | 0.14 | 0.38** | | |
| 8 网络联结 | 3.84 | 0.56 | 0.15 | 0.04 | 0.38** | 0.77 | 0.50 | 0.02 | 0.15 | 0.19 | | |
| 9 环境适应 | 3.47 | 0.65 | 0.14 | 0.38** | 0.01 | 0.09 | 0.17 | 0.22 | 0.33* | 0.15 | 0.04 | 0.02 |
| 10 创新绩效 | 3.49 | 0.76 | 0.02 | 0.14 | 0.19 | 0.50 | 0.33* | 0.09 | 0.50 | 0.19 | 0.01 | 0.09 |

注：参与者总人数282，$*p < 0.05$，$**p < 0.01$。

# 第四节 模型分析

结构方程模型方法的建模步骤分为：基本模型建构、模型识别、模型估计、模型评价、模型修正及结果评价。

## 一、初步结构方程模型的构建

基于图 6 - 1 的企业创新能力与创新绩效关系研究概念模型，本章构建了构建企业创新能力与创新绩效关系的初始结构方程模型，见图 6 - 2。利用 AMOS 20.0 软件绘制初始结构方程模型图，为下一步导入数据进行模型识别并拟合做准备。结构方程模型中设置了 6 个潜变量，分别为创新决策能力、自主研发能力、资源取得能力、人才培养能力、创新网络关系协调能力、外部环境适应性，每个变量设有对应的测量指标；因变量企业创新绩效通过 6 个测量指标来测量。初步结构方程模型的潜变量及因变量的测量指标代码如表 6 - 8 所示。

利用 AMOS 20.0 对初始结构方程模型进行拟合。数据结果显示初始结构方程模型的拟合结果，包括：替代性指标、简约性指标以及相对绝对拟合效果指标，其中多数指标都在合理参考值范围内，基本通过检验。具体分析如下：GFI 拟合结果 0.899，与最优值 0.9 非常接近，可以通过检验；RMSEA 拟合结果 0.035 明显高于 0.05，可以通过检验。AIC 拟合结果 746.634，BCC 拟合结果 683.315，MECVI 拟合结果 2.749，小于模型的参考值可以接受。此外，CMIN 模型拟合汇总的结果显示最小样本差异大于 0.5，相对卡方 CMIN/DF 拟合结果 1.808 小于参考值；模型中可以排除负的测量误差，认为变量测量误差显著；潜变量 C.R. 拟合结果大于 0.7，说明潜变量组成信度较好。通过统计分析，该阶段本研究拟合度指标良好。但是，初始结构方程模型中人才培养能力到创新绩效路径的临界值 C.R. 为 1.756，低于 1.96 且不显著，结构方程模型需要进行局部修正。

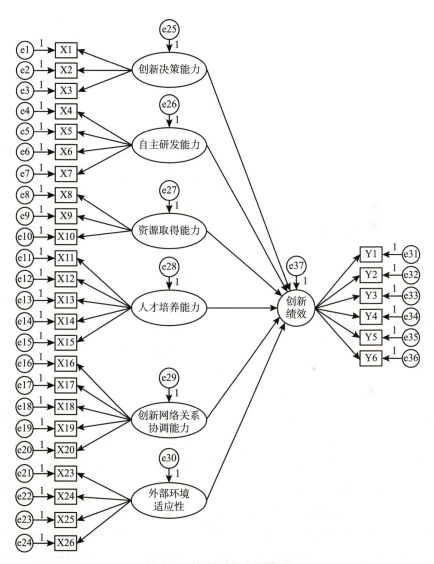

**图 6 - 2 初始结构方程模型**

表6-8                            潜变量及因变量的测量指标代码

|  | 变量 | 测量指标代码 |
|---|---|---|
| 解释变量 | 创新决策能力 | x1-3 |
| | 自主研发能力 | x4-7 |
| | 资源取得能力 | x8-10 |
| | 人才培养能力 | x11-15 |
| | 创新网络关系协调能力 | x16-20 |
| | 外部环境适应性 | x23-26 |
| 被解释变量 | 创新绩效 | y1-6 |

## 二、结构方程模型的拟合和修正

基于初始结构方程模型，依据变量间关系理论及实践情况调整和修正初步模型。剔除临界值 C. R. 最低且未通过检验的人才培养能力到创新绩效路径。采用 AMOS 20.0 软件拟合修正后的结构方程模型，拟合结果见图 6-3，修正后结构方程模型的拟合结果指数及路径分析见表 6-9 和表 6-10。

表 6-9 数据结果显示修正结构方程模型的拟合结果，包括：替代性指标、简约性指标以及相对绝对拟合效果指标，其中指标都在合理参考值范围内，通过检验。具 AIC 拟合结果 638.418，BCC 拟合结果 630.712，MECVI 拟合结果 2.645，小于模型的参考值可以接受。此外，CMIN 模型拟合汇总的结果显示最小样本差异大于 0.5 相对 CMIN/DF 拟合结果 1.715 小于参考值 2；模型中可以排除负的测量误差，认为变量测量误差显著；潜变量 C. R. 拟合结果大于 0.7，说明潜变量组成信度较好。通过统计分析，修正后的结构方程模型拟合度指标理想且明显优于初始结构方程模型。

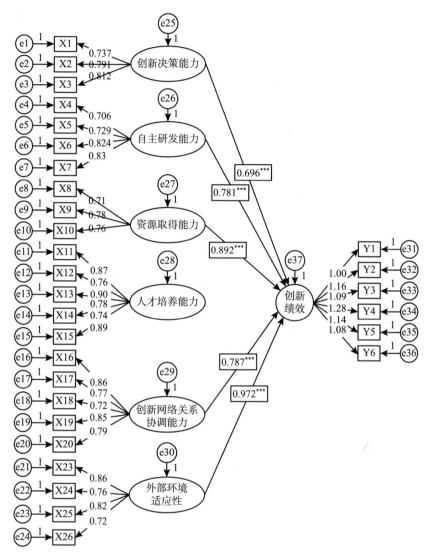

图 6 - 3 修正后结构方程模型拟合结果

表 6 - 9          修正后结构方程模型的拟合结果指数

| 拟合指数 | 结果 | 标准值 | 拟合指数 | 结果 | 标准值 |
|---|---|---|---|---|---|
| $x^2/df$ | 1.715 | <3 | RFI | 0.907 | ≈1 |
| RMR | 0.059 | >0.08 | IFI | 0.989 | >0.9 |

| 拟合指数 | 结果 | 标准值 | 拟合指数 | 结果 | 标准值 |
|---|---|---|---|---|---|
| GFI | 0.931 | >0.9 | TLI | 0.959 | >0.9 |
| AGFI | 0.952 | >0.9 | CFI | 0.961 | >0.9 |
| PGFI | 0.719 | >0.5 | RMSEA | 0.042 | <0.5 |
| NFI | 0.957 | >0.9 | | | |

表 6 – 10 为部分修正后结构方程模型的路径分析结果。数据结果显示，企业的创新决策能力、自主研发能力、资源取得能力、创新网络关系协调能力、外部环境适应性对企业创新绩效的影响路径系数为：0.696、0.781、0.892、0.787、0.972，根据结果分析上述 5 个自变量与创新绩效之间存在正向相关的关系，因此假设 H1、H2、H3、H5、H6 在 $p < 0.001$ 的显著水平下得到验证。初始结构方程模型中人才培养能力到创新绩效路径的临界值 C. R. 为 1.756，低于 1.96 且不显著，结构方程模型需要进行局部修正，剔除临界值 C. R. 最低且未通过检验的人才培养能力到创新绩效路径。因此，企业的人才培养能力对企业创新绩效影响不够显著，即假设 H4 没有通过检验，人才培养能力与企业创新绩效正相关关系不成立。5 个自变量之间的路径数据见图 6 – 4，其相互作用路径在 $p < 0.001$ 水平下均显著，即通过假设检验。

**表 6 – 10          修正后结构方程模型的路径分析结果**

| | 路径 | 估计值 | S. E. | C. R. |
|---|---|---|---|---|
| 创新绩效 | ←创新决策能力 | 0.696 *** | 0.087 | 5.647 |
| | ←自主研发能力 | 0.781 *** | 0.127 | 7.036 |
| | ←资源取得能力 | 0.892 *** | 0.101 | 5.539 |
| | ←创新网络关系协调能力 | 0.787 *** | 0.082 | 4.991 |
| | ←外部环境适应性 | 0.972 *** | 0.096 | 3.366 |

续表

| 路径 | 估计值 | S. E. | C. R. |
|---|---|---|---|
| Y1 | 1. 000 | | |
| Y2 | 1. 161 *** | 0. 095 | 13. 351 |
| Y3 | 1. 093 *** | 0. 092 | 12. 705 |
| Y4 ←创新绩效 | 1. 280 *** | 0. 09 | 12. 684 |
| Y5 | 1. 140 *** | 0. 098 | 11. 602 |
| Y6 | 1. 084 *** | 0. 096 | 11. 123 |

## 三、创新网络调节作用的层次回归分析

本章利用多元层次回归法检验调节变量的作用，即添加自变量和调节变量的乘积项在回归方程中。本章层次回归模型的构建过程如下：设被解释变量为 $Y$，解释变量为 $X$，调节变量为 $M$。建模前对解释变量和调节变量进行中心化处理。回归模型 1 的构建：$Y = aX + bM + e$，为检验变量 $M$ 对 $Y$ 与 $X$ 的调节效应；回归模型 2 的构建：$Y = aX + bM + cXM + e$。构建模型并进行回归检验，根据数据结果分析调节变量对 Y 与 X 的调节效应。本章探究网络地位优势和网络关系对创新能力与创新绩效的调节作用。

在对数据进行中心化处理之后，利用 SPSS 20.0 统计软件进行层次回归分析，表 6 - 11 为网络地位优势调节作用层次回归模型的数据结果。将回归模型 1 和模型 2 的对比分析发现，模型 1 和 2 的 F 值分别为：43. 572 和 24. 739，常量 Sig. 值都小于 0.01，表明模型 1 和 2 在统计上显著；VIF 值均小于 10 表明模型 1 和模型 2 不存在多重共线性；DW 值为 1. 783，在 1.5 ~ 2.5 之间，说明模型 1 和模型 2 不存在序列相关；与原模型 2 相比调整后的 $R^2$ 值大于模型 1，表明方程拟合优度较好，因此模型 1 和模型 2 都是可以接受。

**表 6 – 11**　　　　　　网络地位优势调节作用层次回归模型数据结果

| | 模型 1 | | | 模型 2 | | |
|---|---|---|---|---|---|---|
| | $\beta$ | Sig. | VIF | $\beta$ | Sig. | VIF |
| 常数项 | | 0.000 | | | 0.000 | |
| 创新决策能力 X1 | – 0.001 | 0.947 | 2.430 | – 0.011 | 0.847 | 2.530 |
| 自主研发能力 X2 | 0.326 ** | 0.000 | 2.356 | 0.295 ** | 0.000 | 2.456 |
| 资源取得能力 X3 | 0.042 | 0.750 | 2.510 | – 0.008 | 0.850 | 2.610 |
| 人才培养能力 X4 | – 0.025 | 0.673 | 2.018 | 0.008 | 0.773 | 2.118 |
| 网络协调能力 X5 | 0.158 * | 0.007 | 1.983 | 0.153 * | 0.016 | 2.083 |
| 外部环境适应性 X6 | 0.264 ** | 0.000 | 1.897 | 0.314 ** | 0.000 | 1.997 |
| 网络地位 M1 | 0.163 ** | 0.003 | 2.021 | 0.193 ** | 0.002 | 2.121 |
| X1 × M1 | | | | – 0.137 | 0.174 | 3.871 |
| X2 × M1 | | | | 0.039 * | 0.024 | 3.352 |
| X3 × M1 | | | | – 0.101 | 0.165 | 2.670 |
| X4 × M1 | | | | – 0.103 | 0.071 | 1.962 |
| X5 × M1 | | | | 0.089 * | 0.025 | 3.557 |
| X6 × M1 | | | | 0.113 * | 0.021 | 3.267 |
| $R^2$ | | 0.627 | | | 0.648 | |
| 调整后 $R^2$ | | 0.689 | | | 0.714 | |
| $\Delta R^2$ | | | | 0.23 | | |
| DW | | | | | 1.783 | |
| F | | 43.572 ** | | | 24.739 ** | |

各变量标准系数数据结果显示，网络地位优势对自主能力、网络协调能力、外部环境适应能力与创新绩效关系具有正向的促进作用，即假设 H72、H75、H76 通过检验，假设 H71、H73、H74 被拒绝，假设 H7 部分通过验证。

在对数据进行中心化处理之后，利用 SPSS 20.0 统计软件进行层次回归分析，表 6 – 12 为网络地位优势调节作用层次回归模型的数据结果。将回归模型 1 和模型 2 的对比分析发现，模型 1 和模型 2 的 F 值分别为：

41.837 和 23.673，常量 Sig. 值都小于 0.01，表明模型 1 和模型 2 在统计上显著；VIF 值均小于 10 表明模型 1 和模型 2 不存在多重共线性；DW 值为 1.699，在 1.5~2.5 之间，说明模型 1 和模型 2 不存在序列相关；与原模型 2 相比调整后的 $R^2$ 值大于模型 1，表明方程拟合优度较好，因此模型 1 和模型 2 都是可以接受。

表 6 – 12　　　　　　　　网络关系调节作用层次回归模型数据结果

| | 模型 1 | | | 模型 2 | | |
|---|---|---|---|---|---|---|
| | $\beta$ | Sig. | VIF | $\beta$ | Sig. | VIF |
| 常数项 | | 0.000 | | | 0.000 | |
| 创新决策能力 X1 | −0.002 | 0.936 | 2.340 | −0.021 | 0.857 | 2.431 |
| 自主研发能力 X2 | 0.318** | 0.000 | 2.266 | 0.315** | 0.000 | 2.357 |
| 资源取得能力 X3 | 0.033 | 0.741 | 2.420 | −0.028 | 0.860 | 2.511 |
| 人才培养能力 X4 | −0.026 | 0.662 | 2.028 | 0.018 | 0.783 | 2.019 |
| 网络协调能力 X5 | 0.149* | 0.016 | 1.893 | 0.173* | 0.026 | 2.184 |
| 外部环境适应性 X6 | 0.255** | 0.000 | 1.798 | 0.334** | 0.000 | 1.898 |
| 网络关系 M2 | 0.154** | 0.012 | 2.024 | 0.213** | 0.012 | 2.022 |
| X1 × M2 | | | | −0.157 | 0.184 | 3.772 |
| X2 × M2 | | | | 0.059* | 0.034 | 3.253 |
| X3 × M2 | | | | −0.111 | 0.175 | 2.571 |
| X4 × M2 | | | | −0.113 | 0.081 | 1.863 |
| X5 × M2 | | | | 0.099* | 0.035 | 3.458 |
| X6 × M2 | | | | 0.123* | 0.031 | 3.168 |
| $R^2$ | | 0.648 | | | 0.669 | |
| 调整后 $R^2$ | | 0.703 | | | 0.690 | |
| $\Delta R^2$ | | | | 0.20 | | |
| DW | | | | | 1.699 | |
| F | | 41.837** | | | 23.673** | |

各变量标准系数数据结果显示，网络关系对自主能力、网络协调能

力、外部环境适应能力与创新绩效关系具有正向的促进作用，即假设 H82、H85、H86 通过检验，假设 H81、H83、H84 被拒绝，假设 H8 部分通过验证。

调节效应假设检验中，假设 H72、H75、H76、H82、H85、H86 通过检验，假设 H7、H8 部分通过检验，即网络地位优势和网络关系自主能力、网络协调能力、外部环境适应能力与创新绩效促进关系产生调节影响效应。

# 第五节　结果讨论

本章在对研究假设检验结果进行总结之后，分别结合自变量和调节变量的统计结果对其与创新绩效的作用关系进行分析和阐述。

## 一、假设检验结果

根据上文研究，研究假设检验结果见表 6-13。

表 6-13　　　　　　　　　研究假设检验结果

| 假设 | 假设内容 | 检验结果 |
|---|---|---|
| H1 | 企业创新决策能力与企业创新绩效正相关 | 通过 |
| H2 | 企业的自主研发能力与企业创新绩效正相关 | 通过 |
| H3 | 企业创新资源取得能力与企业创新绩效正相关 | 通过 |
| H4 | 企业人才培养能力与企业创新绩效正相关 | 未通过 |
| H5 | 企业创新网络关系协调能力与企业创新绩效正相关 | 通过 |
| H6 | 网络地位优势正向调节企业创新能与企业创新绩效正相关关系 | 通过 |
| H7 | 网络地位优势正向调节企业创新决策能力与企业创新绩效正相关关系 | 部分通过 |
| H71 | 网络地位优势正向调节企业创新决策能力与企业创新绩效正相关关系 | 未通过 |
| H72 | 网络地位优势正向调节企业自主研发能力与企业创新绩效正相关关系 | 通过 |

| 假设 | 假设内容 | 检验结果 |
|---|---|---|
| H73 | 网络地位优势正向调节企业创新资源取得能力与创新绩效正相关关系 | 未通过 |
| H74 | 网络地位优势正向调节企业人才培养能力与企业创新绩效正相关关系 | 未通过 |
| H75 | 网络地位优势正向调节创新网络关系协调能力与创新绩效正相关关系 | 通过 |
| H76 | 网络地位优势正向调节外部网络环境适应能力与创新绩效正相关 | 通过 |
| H8 | 网络关系正向调节企业创新能与企业创新绩效正相关关系 | 部分通过 |
| H81 | 网络关系正向调节企业创新决策能力与企业创新绩效正相关关系 | 未通过 |
| H82 | 网络关系正向调节企业的自主研发能力与企业创新绩效正相关关系 | 通过 |
| H83 | 网络关系正向调节企业创新资源取得能力与企业创新绩效正相关关系 | 未通过 |
| H84 | 网络关系正向调节企业人才培养能力与企业创新绩效正相关关系 | 未通过 |
| H85 | 网络关系正向调节企业创新网络关系协调能力与创新绩效正相关关系 | 通过 |
| H86 | 网络关系正向调节外部网络环境适应能力与创新绩效正相关关系 | 通过 |

## 二、企业三个层面创新能力间的影响

企业三个层面创新能力中，创新决策能力、自主研发能力、资源获取能力、人才培养能力、创新网络关系协调能力、外部环境适应性之间存在显著的影响关系。

上述研究结果与本研究假设相吻合，本章将企业创新能力分为企业外部环境层面创新能力、企业资源层面创新能力、企业战略层面创新能力三个层面，每个层面细分后形成创新决策能力、自主研发能力、资源取得能力、人才培养能力、创新网络关系协调能力、外部环境适应性六个部分。其中，企业资源层面创新能力作为企业生存和发展的基本动力。企业可以通过知识信息流、竞争与合作、创新产业价值链等方式与科研组织、高等院校、政府机关及中介机构实现互动，以提升企业资源层面创新能力。资源取得能力作为一种保障能力，其产生和发展得益于行业网络、科研组织、高等院校、政府机关及中介机构等的资源整合，能够协同创新行业网络内各主体间的关系，积极推进各主体间的协同合作；企业外部环境层面创新能力作为一种额外能力，可以适应企业依靠生存和发展的经济环境和制度环境。三个层面的创新能力相互作用、互相支撑，在动态发展过程中构成一个有机的整体。创新决策能力可以为企业指明创新的发展方向，为企业创造更多的创新机会、促进创新平台搭建。

通过本章理论分析和统计，表明创新决策能力、自主研发能力、资源取得能力、人才培养能力、创新网络关系协调能力、外部环境适应性相互之间存在着显著的联系，验证了本章对企业创新能力的多层次划分及多层次的能力之间关系的假设。

## 三、创新能力对创新绩效的影响

结构方程拟合结果显示，与其他创新能力相比，自主研发能力对创新绩效的影响更为显著；外部环境适应性适应能力对创新绩效的影响最弱；创新决策能力、资源取得能力、人才培养能力、创新网络关系协调能力对创新绩效的影响比较相近。本章与统计分析结论对照分别探讨三个层面的6种创新能力。

### （一）企业创新战略决策能力

企业创新决策能力与企业创新绩效正相关。企业的创新绩效与产品新技术、新工艺密切关联，市场的需求引导企业创新方向并为企业创新发展搭建平台；产品创新需求和技术革新成为企业创新战略决策的导向。市场需求导向、技术创新导向、产品创新导向与创新战略决策作用关系复杂，这就要求企业高层管理者的创新战略决策能力必须较强。以市场为导向的企业对如何获取客户和竞争者的信息尤为关注，企业可以通过顾客与竞争者的动态变化引导和促进企业创新的实现；以技术为导向的企业对复杂新技术与先进工艺的发展动向尤为关注。企业创新战略决策能力还体现在对未来产品、技术或市场判断的准确程度。

### （二）企业自主研发能力

企业自主研发能力必将是促进企业创新绩效实现的最重要能力，企业是否能够快速将企业外部技术、管理理念等创新要素引入本企业是自主研发能力发展和提升潜力的表现。企业能否保持在本行业技术更新中的优势，是否拥有唯一属于本企业的核心技术，显示出企业研发新技术的速度和效率，是企业能否在未来市场上处于优势地位的决定因素。本研究统计分析研究结果与理论假设相符合，企业自主研发能力对企业创新绩效呈显著的正相关影响。

（三）企业创新资源取得能力

创新资源取得能力作为影响企业创新成败的关键影响因素一直受到学界的关注。尤其在创新网络中，企业的资源组织与整合的有效性能保障企业能够持续创新。考虑到创新战略决策的重要性，能够支持创新决策的信息资源是创新资源中最为重要的。当前，创新知识的获取和管理也是提供企业创新能力和创新绩效的核心竞争资源。此外，创新资金的投入也是企业开展创新活动的关键支撑要素。企业仅依靠内部资源进行创新显然存在困难，于是，在行业创新网络中，企业之间的资源共享行为越来越普遍，创新资源共享过程是双向的且互动的行为，能够促进彼此的创新绩效增长。本研究统计分析研究结果与理论假设相符合，企业创新资源取得能力与企业创新绩效正相关。

（四）企业人才培养能力

本研究结果表明企业人才培养能力对企业创新绩效的正向影响不显著。与创新相关的企业人才培养能力包括：管理人员、研发人才和新产品营销人才等，该类人员在企业工作人员的比例不高，却是为企业创造价值的主要动力。这三类人才所拥有的人力资本是企业典型的异质性资本，也是企业保持持续竞争优势和创新能力的动力，其数量和质量是区别于同行业企业的特征。基于本研究结论，企业人才培养能力与企业创新绩效的正相关关系不显著的原因可能有如下两个方面：第一，本研究对企业创新人才的界定不清；第二，企业人才培养既包括技术、技能也包括激励和情感的引导，相对较难测度。

（五）企业创新网络关系协调能力

企业通过创新网络建立与其他创新主体的多样合作关系，有助于对自身创新能力进行客观的验证和评价。企业通过主动发展与研发合作伙伴的同盟关系，促进合作研发的机会，从而可以获取更多外部创新资源，完善自身的创新能力，以实现创新绩效提升。企业与研发合作伙伴建立合作关系的及时程度影响企业对市场变化判断的准确程度。企业与研发合作伙伴处于不同的网络地位会对合作关系稳定性产生影响。

（六）外部网络环境适应能力

企业开展创新活动所处的不同外部环境对企业创新绩效会有不同影响。尤其在创新网络中，基础设施水平、人员素质、经济环境和制度环境对企业创新能力和创新绩效的改善有促进作用。通过研究政府的技术创新政策与企业创新绩效的关系发现，政府政策对企业创新影响的两条路径，一是政府技术创新政策影响企业资源投入进而影响创新绩效；二是政府技术创新政策影响组织激励进而影响创新绩效。

## 四、创新网络和创新能力对创新绩效的综合影响

本章从网络地位优势和网络关系两方面分析企业创新能力与创新绩效的作用，既体现出行业范围的网络关系对企业创新能力推进创新绩效实现的积极作用；又反映出创新网络关系对企业三个层面创新能力积极推动创新绩效所产生正向支持作用。网络地位优势对创新外部环境适应能力以及对创新绩效的影响产生较强的正向调节作用，然而自主研发能力对创新绩效影响的调节作用则不明显；网络关系对研发能力与创新绩效的正向调节作用显著高于对其他因变量的调节作用，而在创新网络协调能力与创新绩效的关系中表现的调节效应显著低于对其他变量的调节作用。

# 本 章 小 结

从企业外部环境层、企业资源层、企业战略层三个层面基于已有研究探讨企业创新能力与创新绩效的关系，并检验创新网络中企业网络地位优势和主体网络关系在企业创新能力与创新绩效影响关系中的调节作用，明晰创新网络、创新能力及创新绩效的影响关系及作用机制。通过 AMOS 20.0 建立结构方程设置了 6 个潜变量，分别为创新决策能力、自主研发能力、资源取得能力、人才培养能力、创新网络关系协调能力、外部环境适应性，每个变量设有对应的测量指标；因变量企业创新绩效。通过结构方程路径分析发现：企业的创新决策能力、自主研发能力、资源取得能力、创新网络关系协调能力、外部环境适应性与创新绩效之间存在正向相关的关系；人才培养能力与创新绩效之间存在正向相关的关系未得到验证。

利用多元层次回归法，构建模型并进行回归检验，探究网络地位优势和网络关系对创新能力与创新绩效的调节作用，发现：第一，网络地位优势对自主能力、网络协调能力、外部环境适应能力与创新绩效关系具有正向的促进作用；网络地位优势对企业的创新决策能力、资源取得能力和人才培养能力与创新绩效关系的正向调节作用未得到验证。第二，网络关系对自主能力、网络协调能力、外部环境适应能力与创新绩效关系具有正向的促进作用；网络关系对企业的创新决策能力、资源取得能力和人才培养能力与创新绩效关系的正向调节作用未得到验证。

# 第七章

## 提高企业合作研发能力和
## 创新能力的对策和建议

### 第一节　企业合作研发能力提高的对策和建议

#### 一、合作研发伙伴的合理选择

为使企业联合利润提供最大化的机会，同时能够提高社会福利，就要选择在某些特殊的条件下的合作。对合作的企业来说，合作在溢出内部化后将促进私人研发的投入，与不合作相比较，从某种程度上进一步提高了合作时研发的支出，也就实现了更高的产品质量以及更低的成本。换言之，合作研发能够从较大程度上避免非必要的研发重复，是一种有效的方法节约研发支出。就政策制定者的角度而言，合作研发的社会激励以它特有的优势，往往会高于私人激励。

从整个社会角度分析，将是非常不利的。可以说研发上的合作，起着非常重要的积极作用，为使技术溢出内部化，政府将进一步强化企业间的合作研发。合作研发在提高研发投入的情况下并不是最优的选择。根据事实而言，企业的研发激励在不用的技术溢出程度上存在差异，溢出已作为政府制定研发政策时重要考虑的因素。要考虑将企业间的关联关系，作为回答什么阶段应当鼓励企业间合作研发的依据。也就是说要依据合作企业彼此之间是供应链上下游伙伴关系或是竞争关系。

政府依据产业内技术溢出程度和企业的合作伙伴制定合作研发政策。行业技术溢出水平较低的条件下，社会福利可以通过限制合作研发并且鼓励自由竞争的产业增进。20 世纪 80 年代之前的美国采取完全自由竞争的行业政策。企业在合作研发的过程中形成彼此的合作惯性，且倾向于将合作惯性带入到产品市场，进而导致损害消费者福利，产品市场合谋的出现。企业在技术溢出较低的情况下，尤其是技术溢出接近于零时，企业具有很强的研发投入激励，行业内部具有创新能力优势的企业将驱逐弱势企业，进而取得市场的垄断性收益。企业这时的创新动力最足，因此行业内研发投入充足，使得政府研发补贴的融资压力得以缓解。这时研发竞赛引起的重复研发所造成的资源浪费是最主要的问题。但在低溢出情况下，重复研发的浪费远小于企业合谋导致的社会福利损失。政府应禁止产业内技术溢出较低的企业间合作的研发，否则就会降低研发强度以及损失社会福利。

当行业技术溢出水平高时，社会福利损失也会由企业研发不足引起。政府不仅可以通过直接补贴方式支持企业研发，还可以通过对企业之间的合作研发予以积极鼓励，从而使溢出内部化。一般认为，选择合作研发是比申请补贴更好的策略。因为补贴通常情况下来源于税收，如果税收不能实现一次性支付，则多次支付会带来相应的损失。而且企业会在溢出很低时说服政府增加补贴，因为两者之间在溢出程度上存在不对称信息，难以确定补贴的量。所以政府在当市场中普遍存在水平较高的技术溢出时，允许企业之间存在合作研发。从政策制定者的角度来看，政府应对企业的合作研发加以规制依据一定的技术溢出水平情况。当然，应当根据不同的行业制定不同的研发政策。有的企业会对自身的技术溢出水平提供不真实的信息，为了获得政府合作研发的支持，有些企业即使目前处在低溢出的情况，但仍声称自己属于高技术溢出企业。

## 二、优势企业主导作用的肯定

核心企业从很大程度上在产业集群供应链系统中主导着整个供应链的

发展。导致核心企业的发展成为决定供应链网络的经济命脉的原因，一方面是核心企业位于供应链的关键点上，另一方面核心企业在市场地位、科技水平、经济实力和生产制造等多方面都比上下游和相关辅助企业占有绝对的优势。所以，想要获得较大的网络收益，就要充分发挥核心企业在集群供应链上的主导作用。这要求核心企业自身发展得以保证的同时，还要与周边企业不断地加强合作，对他们提供技术指导以及成本补偿，从而使它们发挥自身的优势与核心企业一同提高创新能力，进而提高集群的核心竞争力以及带动整个供应链的发展。

## 第二节　企业创新能力提高的对策和建议

### 一、基于企业视角的对策和建议

#### （一）创新网络的合理发展

增强合作网络专业化。按照核心企业创新需求，对加强企业与其前端供应商和客户的合作予以积极的引导，从而形成一定规模的产业链。倡导寻求具有一定规模并拥有较强创新能力的企业与本企业开展专业化的创新合作，通过加强企业在技术以及市场等领域相互间的创新合作关系，使其最终形成的创新网络具有专业联合、资源互补的形式，从而提升包括核心企业在内的整个创新网络的专业化水平。鼓励区域内一些行业被重点支持的领先企业与中小企业分工合作或生产外包等方式进行创新合作，在设备、技术以及人力等方面为中小企业提供支持，从而能够促进发展中小企业的创新以及加快形成区域产业集群的步伐。

增强产学研合作，以企业为主体建设创新网络。对有能力的自主企业或者与研究机构通过合作建立技术研发中心给予鼓励，通过对企业的创新能力以及需求的了解，适当调节对技术中心的创新投入力度，增强同研究机构、其他企业之间的创新合作与交流。加强企业和科研机构（高校）建立创新合作关系,从而组成具有多种形式的创新合作网络,一同生产研发成果。企业可以通过技术、资源、专业人员等的交流方式实现共同增长,从而与科研机构(高校)形成资源互补以及利益共享的合作关系,使企业创新能力得以提升,自身创新绩效得以提高。

促进企业间的联合兼并重组。一些企业在创新活动中表现出具有明显核心竞争优势可以通过寻求和其他企业兼并或是重组的机会,从而实现更加高效、快速以及低成本的扩张发展,迅速提升企业的创新能力。与此同时,对于拥有实现跨国兼并重组的投资业务条件的企业予以支持和引导,通过收购国际知名技术和品牌,从而促使企业提升技术以及发展企业国际化。

## (二) 企业技术创新能力的提升

自主研发创新在企业的发展过程中发挥的作用日益明显,必须通过不断增强自主创新能力、加强研发力度以及提高研发效益,才能使核心企业保持相对稳定的竞争力。鼓励支持企业综合自身能力就产品外观、发明创造以及实用新型等方面进行技术创新,主要开发自主知识产权以及自主品牌产品,不断提升自身拥有的技术能力。积极寻求合作,尤其重视关键性技术改造项目的突破,逐渐将自身核心技术水平和档次提高。中小型科技企业应以转型为高新技术企业为目标,同时政府应通过减免税收等财政及公共政策给予支持。建立更为广泛的人才交流平台,持续为企业的技术创新提供动力。

推进专利技术产业化。对于拥有专利技术的企业予以鼓舞,令其尽快实现创新合作,并将现有的知识产权得以转化,成为企业现实的生产力,积极引导企业开发良好市场前景,拥有自主知识产权的专利新产品,实现建设更大规模的网络合作,并以构建主导专利技术的新产品生产基地为平台,通过利用创新网络优势得以实现创新合作并拥有更高的创新绩效。行业协会或是政府相关部门通过开展优秀专利新产品的选拔、奖励以及推广活动,支持和鼓励具有良好市场前景,与国家产业导向一致或是达到国际先进、国内领先水平的新产品以及技术,同时大范围推广,从而更好地进行创新合作。

增强对自主知识产权的保护。加强企业知识产权管理的积极引导,对自主创新成果依法进行保护。企业在拥有核心技术以及产权时应提高保护意识，企业同相关部门进行联合，展开广泛的知识产权保护的宣传以及指导工作。

（三）企业创新机制的完善

建立完善的现代企业管理制度，增强企业的技术创新动力以及活力，落实国家有关的财税以及金融扶持政策，对于大中型企业逐渐增加技术创新投入进行积极引导和激励；鼓励和支持企业增强自主创新能力以及构建完善的创新网络，从而形成战略同盟，适应产业集群以及特色经济板块等发展主流。以民营科技企业为主要推动发展对象，对于一些拥有核心技术、创新思维活跃、规模效益显著、拥有自主知识产权的优秀民营科技企业进行扶持；鼓励有条件的民营科技企业与其他具有较强竞争力以及自主研发能力的企业强强联合，大胆走出去，从而形成企业联盟，实现"1＋1＞2"的效果。

鼓励企业建立完善的科技创新投入制度。要不断发挥企业科技创新主体作用，与此同时，引导企业增加在内部研发经费方面的投入力度，进而形成项目为首，优良资产为基础的，通过社会融资的方式进而开展自主创新以及引进，保证企业能够持续、健康、快速地发展。凭借用好国家有关税收政策进而支持企业创新建设的相关内容，对以税收杠杆方式调节创新投入的机制进行完善，通过加大优秀自主创新企业的所得税折扣比例，来完善政策调整，为企业依法合理折旧和报废陈旧设备提供便利，将落后仪器设备依法依规淘汰。

建立完善的目的为激励自主创新的政府采购制度。使风险投资产业快速稳健发展，支持构建创业风险投资，鼓励保险、证券、引导基金等有关风险投资业务依法依规开展。支持社会资金鼓励创新活动，积极引导支持和帮助社会团体、个人以及非营利机构等科技研发领域。有关金融资本以及科技贷款方面建立健全的风险补偿机制，扶持重大科技项目在政策性金融方面，不断形成高新技术产业化得到商业金融支持的模式。通过使有条件及实力的科技企业能够在国内主板以及中小企业板加快上市，来推进高新技术企业股份进行流通转让。

## 二、基于科研机构视角的对策和建议

### （一）加强创新网络平台的建设

加快建设高新技术产业园区。对创新创业环境建设进行优化，加强对园区设立研发机构纳入高等院校、科研院所以及科技型企业的支持，汇聚创新企业以及创新要素，进而打造高新技术产业高地。加强建设生产力促进中心、高新技术创业服务中心、企业技术创新服务中心等多种类型科技孵化器和行业技术协会，加强孵化科技型企业以及培育科技企业家能力的提高。

大力发展科研工作站。支持企业设立院士专家工作站以及博士后科研工作站，尽快制定关于建设院士专家工作站的政策措施，扶持建设博士后科研工作站的相关政策的落实，资助相应新设立的博士后科研工作站。

推动产、学、研合作创新。对于科研机构（高校）使非经营性国有资产得以转化为经营性国有资产予以支持，这笔资产将用于科技成果研发以及产业化。对于科研机构将应用型研究人员职务晋升原则主要依据科技成果产业化业绩予以支持。增强对优秀青年科技人才的扶持以及奖励。对科研机构（高校）采用市场化方式予以鼓励，开放各类科技资源给企业，支持社会公益类科研院所向企业提供检测、测试以及标准等服务。

### （二）人才培养是提高企业创新能力的持续动力

着重培养以及建设人才。坚持培养以及引进人才同时发展。从而实现建设企业甚至区域的人才梯队。首先，要特别重视建设院士队伍，尤其要重点资助和培养学术基础深厚、学科方向明确、梯队结构合理、具有战略思维能力以及在国内外行业内有一定影响可能成为两院院士的学科带头人。其次，不但要对"高、精、尖"型人才的培养规模予以适当扩大，同时还要提供政策以及充足的资金支持。大力建设博士后流动站和企业博士后科研工作站，不断地提高其业务水平，同时扩大进站人员规模。最后，计划并施行引进境内外人才工程。积极引导企事业单位引进国内外人才通过咨询、短期聘用、技贸结合、讲学、兼职、技术承包、技术入股、在境内外人才密集地设立研发机构等方式。以加大政府投入以及政府支持来鼓励留学人员创业基地建设。用过积极开展高层次人才出境培训工作，来逐步加大支持力度。

规划合理的高等教育发展战略，积极发展高等教育来为区域创新培养后备人才。大力支持建设高水平大学以及重点学科。除此之外，根据不同的就业形式对人才培养的专业机构以及层次进行调整，通过加强研究生教育以及重视培养紧缺人才，来不断提升高等教育大众化水平。各级政府根据自身负责公共教育服务的责任以及侧重点不同，改革当前较集中的政府办学体制。从建立健全教育资助体系和促进不同等级以及不同类教育协同发展，对发展现代远程教育予以鼓舞这两方面来加大教育投入。除了通过积极鼓励发展民办教育和中外合资办教育来扩大教育外，另一重要途径就是大力提倡和鼓励捐资助学以及校企联合办学等方式。

## 三、基于政府视角的对策和建议

地方政府在建设企业创新网络的过程中以及企业创新能力、创新绩效的提升中发挥着重要作用。

### （一）政府创新投入支持的保证

对于国家关于创新投入的相关法规以及政策认真贯彻落实，以确保政府创新投入的增长与财政经常性收入的增长相比呈明显优势，过去在执行过程中出现总体超收但创新支出总额增幅并没有高于经常性财政收入实际增长水平的情况时，则应在下一年度中对创新支出适当安排追加，将国内生产总值中财政性创新投入占的比例逐渐提高。依据大力增加对科普的投入，加大力度支持公益事业的持续发展。加大力度投入财政，逐步形成财政创新投入与 GDP 增长相适应的稳定的增长机制。通过引导有限的政府将资金投入到关键技术研发项目和重大公共技术上，令广大企业享用技术研发成果更加公平、低成本以及低风险，并以此为基础进行二次创新，从而大幅提升自身的创新能力以及竞争实力。应整合优化各类创新资金结构，对各级政府创新投入重点进行合理界定。切实保障顺利实施重大创新工程，将多方面的创新专项资金如产业化、农业科技成果转化、重大高新技术研发和企业技术创新、社会可持续发展和创新基础条件平台建设等纳入财政预算，从而提高财政资金投入渠道稳定性。

### （二）政府创新支持政策的完善

为顺利实施企业创新活动的，需要政府提供相应的政策支持。可以通过进一步完善政府的采购政策来扶持企业创新，保证能够顺利有效地实施政府采购有自主意识的向自主创新产品倾斜的措施，与此同时，政府应该颁布相应采购技术标准以及索引目录，对于自主创新产品制定相应的采购办法。要进一步研究并评估已经出台的政策，及时整改存在的问题以及需要完善的部分。根据实际情况，政府部门应该出台支持适合企业创新发展的政策。将创新型国家和创新型城市建设作为为契机，通过国家自主创新示范区发展相关政策的先行先试，使企业创新得以发展。鼓励国家大学科技园以及科技企业孵化器税收减免政策的实施，从而提供更加宽广的平台以及良好的环境供企业创新发展。

## 四、基于中介视角的对策和建议

在创新中介服务机构方面，应重点抓好建设金融机构、技术市场和生产力促进中心等。除此之外，应大力鼓励与支持建立各相关服务以及进入媒介机构，通过加大建设有形以及无形的人才、资本和信息市场，从而形成核心区域中心城市和各级、类中介机构，以及不但紧密结合而且分工明确的区域技术创新中介服务网络。

### （一）企业融资环境的改善

增强对中小企业的资金支持。通过鼓励相关政府政策建立和健全银行对小企业信贷支持风险补偿，从而更好地发挥政府的政策导向以及激励作用。

开拓企业融资渠道。将社会经济发展的良好时机充分利用，在市场上所具有得前景，在技术上所具有的优势，在发展上推动高潜力的中小企业通过创业板上市融资；引导各类金融机构寻求合作，鼓励其发行直接融资产品如企业债券、基金等。对债权融资、中小企业上市融资以及股权融资等政府应采取直接融资方式，对于有利于中小企业直接融资的资本市场进一步培育发展，应给予一定的政策支持。

### （二）企业社会化服务的强化

加强建设公共服务体系。进一步根据企业服务需求建立健全企业服务机构，对企业服务公益性予以加强。对各类社会专业服务机构予以引导以及联系，对各种社会资源进行组织和整合，建立专业化服务供给机制；完善公众参与、内外互动及功能多样的公共服务体系。通过整合社会资源，多样化的科技创新服务平台充分发挥其作用，使科技创新资源共享得以实现。积极鼓励科研机构（高校）创办服务技术创新、质量检测和为企业提供产品研发等共性技术服务平台。加强信息化建设服务，并建立更加健全公共信息服务平台，进一步为企业提供人才招聘、市场动态以及政策法规等公共信息服务。

## 第三节　创新网络协同演化的保障措施

本书构建区域创新网络协同机制的关键在于，如何使各个子系统间协同演化得以实现，同时以此为基础，对区域创新网络的协同演化持续推进。从构建产、学、研合作网络、完善区域创新政策体系，以及完善区域创新网络结构等角度来说，本书通过提出相关政策建议，进而保障区域创新网络的协同演化。

### 一、区域创新政策体系的完善

研究结果显示，由于网络子系统间演变与发展存在显著差异，导致了我国区域创新网络演化水平偏低。区域创新政策体系的完善能够统筹规划创新网络结点间的合作研发。为实现区域创新政策体系的完善，政府应致力于以下几个方面：

将政府的职能加以完善，使创新网络得以发展。政府作为区域网络创新活动规则的制定者和参与者，它能够成为创新主体之一，在区域创新的各个环节都需要其参与并发挥作用。政府负责规范和引导行业创新主体的行为。所以，政府可以制定相关制度，使各个区域的创新网络子系统共同发展。

使创新网络在高校、研究机构得以发展，并形成体系，应用开放的形式，使科研工作转移出企业，使知识和技术在区域创新网络中进行传播。同时研究所也是区域创新网络的重点发展体，对于规划创新区域创新网络有着积极的影响，促进此行业的发展，从中培养拥有创新以及冒险精神的企业家。

在企业之中建立鼓励创新的制度。在对于创新企业应用技术方面，进行大量投入，将经费投入于新技术开发方向，建立新的制度，使人才、技术、知识形成良性转变循环，使成果更好地传播，体现其中的价值，加大对于人才的培养资源，重视大学科研工作等，使多创新主体共同发展。

## 二、产学研合作创新网络的构建

在研究中发现，将技术应用于系统之中的有序度值偏低，使区域创新网络无法协同运作。所以，要构建科研合作网络，加快技术发展，科技创新，提高系统的程度。具体工作方向如下：

应该对于不同区域制定相应政策，引导网络创新和产学研合作更加密切，使区域产学研更加明了，确定工作重点，围绕产学研进行发展研究。其次，产学研合作创新网络成为多元主体研发的新模式，构建产学研合作网络更加重要，从而将企业，学校，科研机构相互联合，互相学习，得以实现区域经济的快速发展。

实行产学研合作网络示范计划。每一个区域范围都具备其结构特点，鼓励采用产学研合作创新模式。在重要技术科研方面加大交流合作，共同研发以此实现产学研合作的新的发展形式。

最后，拓宽产学研合作研发渠道。引导中介机构参与搭建产学研合作创新平台，组织研发项目招投标、推动成果转化完成、评估专利价值、倡导知识产权保护等。从而实现完善市场合作体系，应用现代化的手段，建立产学研合作市场，使项目合作成本得以降低。同时，应用将企业与高校、研究机构相结合，进行信息沟通，加速区域产学研发展。

## 三、区域创新网络结构的优化

区域创新网络结构和创新绩效有着直接联系，创新网络对于协同运行机制也有着较大的影响。所以，使区域创新网络结构得以优化，能够保障区域创新网络协同机制高效运行。首先，为了提高整个网络创新效率，基于投入与产出的经济分析，合理借助结构优化带动区域创新网络高效运行，以及推动资金、人才、知识、信息的交换效率。其次，设计企业、高校及科研机构合作研发运营机制，基于资金、人才和知识的共享，使得三类机构在创新过程中实现协同效应。最后，建立区域创新网络的组织学习机制，优化网络中的知识结构，使得网络中创新主体间在知识交流及共享基础上，实现跨领域知识的整合，以提高协同创新效率。

# 第八章

# 结论与展望

## 一、结 论

本书以企业研发模式的选择和创新网络中企业合作研发博弈分析为基础，着重研究企业创新模式、企业创新网络对创新绩效的影响，探究创新能力等因素对创新网络形成过程的影响，以及创新网络对创新绩效的调节作用。本书主要研究结论如下：

第一，本书发现企业研发模式的发展与形成过程的本质驱动力为现代理论；不同理论支撑企业不同研发模式的形成，并决定其研发效果。本书分别从委托代理理论、不完全契约理论和组织资源理论视角对企业研发模式的形成与发展进行对比分析。进而，本书对创新网络中的企业研发模式进行识别，识别结论为：将研发模式分为：单一主体研发和多元主体研发两个大类；可能进行研发活动的主体包括企业、科研院所、高等院校、行业协会和政府机构；单一主体研发模式具体包括自主研发、委托研发和技术购买；多元主体研发模式具体包括企业合作研发、研发联盟、企业并购、政企合作研发及产学研合作研发。

从研发模式形成的理论依据中探究其特点和适应性，进一步从静态和动态视角分析创新网络中的企业如何进行有效的研发模式选择；从静态视角，本书探究创新网络中企业创新模型选择的影响因素，包括：内部影响因素为企业组织柔性、组织学习能力、研发技术溢出；外部影响因素为行业技术更新速率和行业政策变化率。从动态视角，本书依据企业在创新网络中不同发展阶段研发模型的选择进行分析发现：企业在进入期和成长期倾向于选择自主研发模式；在成熟期企业倾向于选择合作研发的不同形式；企业衰退期不应选择自主研发。

第二，对创新网络中企业研发模式的探讨，发现从参与主体的视角创新网络中的企业开展研发创新活动时的组合形式不同。进一步深入探讨创新网络中不同研发模式如何影响到企业创新绩效，并进行实证检验以明晰不同研发模式对创新绩效的作用机理。通过研究发现：企业特征对企业研发模式战略选择呈现相关影响；市场环境对企业研发模型选择影响不显著，企业规模、员工技能水平、企业技术等级和政策环境都对企业的研发模式选择产生显著影响。企业的自主研发、委托研发、合作研发模式的选择受到企业自身特征和外部环境因素的共同影响。

研发模式中的单一主体研发与多元主体研发同企业创新绩效之间存在正相关关系；自主研发、委托研发模式及合作研发对创新绩效存在显著正向影响。

研发模式中单一主体研发与多元主体研发之间存在互补效应。对企业单一主体研发与多元主体研发的互补效应回归分析，主要是判断单一主体研发与多元主体研发之间是否具有互补性。互补效应表现为当企业同时采用单一主体研发和合作研发战略，相对于仅采用单一主体研发的企业，在企业创新效益产出方面高；于是，认为单一主体研发和研发合作具有创新绩效的互补性。当企业同时选取自主研发和委托研发组合策略时，对创新绩效的影响不显著，但是采取自主研发和委托研发组合策略时，创新绩效的水平也呈现增加趋势，这说明自主研发与委托研发之间存在互补效应。此外，当企业同时选取自主研发与合作研发的组合策略时，对创新绩效的影响系数是显著；自主研发与合作研发之间的互补效应得到验证。

第三，对企业在创新网络中应如何选择研发合作对象和选择过程遵循的原则、步骤进行归纳得出，企业在进行选择研发模式时应遵循的基本原则包括成本降低的原则、研发收益最大化原则和知识管理原则；就企业研发模式选择的整个过程而言，企业将从有利于成本降低、获得最大收益以及学习关键性知识这三个角度出发，根据分析以及对比在各个研发模式下合作的最大收益率,进而对以下两个步骤进行选择,即对企业合作研发不同组合的最大化利润进行测算和选择利润最高的合作研发伙伴组织。

从协同博弈理论实践出发,对创新网络中企业合作研发的演化过程进行研究发现,企业在创新网络中寻找研发合作伙伴和合作机会的过程可通过博弈分析得出。以市场占有率和利润最为博弈分析目标,动态博弈分析发现,四种组合策略动态博弈的市场占有率排序:合作—竞争组合策略 > 合作—合作组合策略 = 竞争—合作组合策略 > 竞争—竞争组合策略;四种组合策略动态博弈的总利润水平排序:合作—竞争组合策略 > 合作—合作组合策略 = 竞争—合作组合策略 > 竞争—竞争组合策略。运用协同的方式获取和创造新资源及能力创新,主要体现在四个方面。一是在互补性创新知识获得的同时形成组合优势和协同效应。二是得到了新的创新知识。三是能够将技术进行转移,从而推动跨越式技术的发展。有效的技术转移正是因为协同创新而出现的形式,这种新形式可以使技术有跨越性的发展,而且提高了竞争优势。四是重新开拓出资源和能力。

第四,从企业外部环境层、企业资源层、企业战略层三个层面基于已有研究探讨企业创新能力与创新绩效的关系,并检验创新网络中企业网络地位优势和主体网络关系在企业创新能力与创新绩效影响关系中的调节作用,明晰创新网络、创新能力及创新绩效的影响关系及作用机制。通过 AMOS 20.0 建立结构方程设置了 6 个潜变量,分别为创新决策能力、自主研发能力、资源取得能力、人才培养能力、创新网络关系协调能力、外部环境适应性,每个变量设有对应的测量指标;因变量为企业创新绩效。通过结构方程路径分析发现:企业的创新决策能力、自主研发能力、资源取得能力、创新网络关系协调能力、外部环境适应性与创新绩效之间存在正向相关的关系;人才培养能力与创新绩效之间存在正向相关的关系未得到验证。

利用多元层次回归法,构建模型并进行回归检验,探究网络地位优势和网络关系对创新能力与创新绩效的调节作用,发现:第一,网络地位优势对自主能力、网络协调能力、外部环境适应能力与创新绩效关系具有正向的促进作用;网络地位优势对企业的创新决策能力、资源取得能力和人才培养能力与创新绩效关系的正向调节作用未得到验证。第二,网络关系对自主能力、网络协调能力、外部环境适应能力与创新绩效关系具有正向的促进作用；网络关系对企业的创新决策能力、资源取得能力和人才培养能力与创新绩效关系的正向调节作用未得到验证。

## 二、研究局限与研究展望

本书以创新网络为背景，探讨企业研发模式与创新绩效间的作用关系展开了详细研究，取得了一定研究成果，但由于研究水平的局限，尚存在一些不足有待改进：

第一，本书主要调研对象集中在长三角经济区，未考虑中国经济区域的差异性，所以选取的样本代表性存在缺陷。

第二，来自外部的研发与企业自主研发之间相互作用，要想达到较好的效果尚需一个融合过程，本书未进行同研究对象的跨时研究，因此对该过程实证不足。对企业不同发展阶段，分析外部研究影响与自主研发之间的影响和制约关系，所得出的结论也存在差异。

第三，本书选取创新产品所得收益占总销售收入的比例作为衡量企业创新绩效的指标，但实际选取单一指标对创新绩效进行评价可能会产生偏差；后续研究建议使用多维度指标对企业创新绩效进行评价。

基于本书结论，未来关于创新网络、研发模式和创新绩效的研究方向如下：

第一，深入分析委托外部研发与企业自身研发之间替代效应。可通过对我国其他行业的企业作为样本进行实证研究，从而扩大研究成果的普适性。

第二，研究并构建企业创新绩效的评价体系，探究单一维度指标和多元维度指标对企业创新绩效评价的适用范围。

第三，引入企业研发成本作为控制变量，探究研发成本对创新网络、创新能力和创新绩效的影响作用。

# 参 考 文 献

［1］鲍泓：《知识员工组织认同对创新绩效的作用机制——基于知识管理视角的理论模型》，载于《社会工作与管理》2011 年第 2 期。

［2］曹勇、赵莉、李杨：《基于开放式创新环境的企业专利管理模式研究》，载于《情报杂志》2011 年第 3 期。

［3］柴国荣、洪兆富、许瑾：《R&D 型动态联盟的模块化与项目式集成管理研究》，载于《科学与科学技术管理》2008 年第 5 期。

［4］陈劲、桂彬旺、陈钰芬：《基于模块化开发的复杂产品系统创新案例研究》，载于《科研管理》2006 年第 6 期。

［5］陈劲、王方瑞：《突破全面创新：技术和市场协同创新管理研究》，载于《科学学研究》2005 年第 12 期。

［6］陈万思、姚圣娟、丁珏：《战略人力资源管理效能、组织学习与创新》，载于《华东经济管理》2013 年第 2 期。

［7］陈学光、俞红、樊利钧：《研发团队海外嵌入特征、知识搜索与创新绩效——基于浙江高新技术企业的实证研究》，载于《科学学研究》2010 年第 1 期。

［8］党兴华、孙永磊：《技术创新网络位置对网络惯例的影响研究——以组织间信任为中介变量》，载于《科研管理》2013 年第 4 期。

［9］付群英、刘志迎：《大众创新：内涵与运行模式》，载于《科学学与科学技术管理》2016 年第 2 期。

［10］郭亚平、孙丽文：《高新技术企业创新网络与创新绩效的实证研究——以河北省为研究案例》，载于《河北工业大学学报》（社会科学版）2009 年第 4 期。

［11］何建洪：《创新型企业的形成路径：基于技术能力和创新战略

作用的实证分析》，载于《中国软科学》2012 年第 4 期。

［12］何庆丰、陈武、王学军：《直接人力资本投入、R&D 投入与创新绩效的关系——基于我国科技活动面板数据的实证研究》，载于《技术经济》2009 年第 4 期。

［13］何志国、彭灿：《神经网络在知识型企业研发团队知识创新绩效评价中的应用研究》，载于《图书情报工作》2009 年第 8 期。

［14］胡海青、张宝建、张道宏：《网络能力、网络位置与创业绩效》，载于《管理工程学报》2011 年第 5 期。

［15］黄波、孟卫东、李宇雨：《基于双向溢出效应的供应链合作研发博弈模型》，载于《科技管理研究》2009 年第 3 期。

［16］蒋旭灿、王海花、彭正龙：《开放式创新模式下创新资源共享对创新绩效的影响——环境动荡性的调节效应》，载于《科学管理研究》2011 年第 3 期。

［17］金玲娣、陈国宏：《企业规模与 R&D 关系实证研究》，载于《科研管理》2001 年第 1 期。

［18］匡爱民：《我国区域创新绩效的 DEA 改进》，载于《统计与决策》2010 年第 16 期。

［19］李安民：《不连续创新与纵向协同研发》，载于《科技进步与对策》2006 年第 9 期。

［20］李飞星、杨伟文：《传统产业集群企业网络能力与竞争力影响机理实证研究》，载于《系统工程》2012 年第 8 期。

［21］李玲、陶锋：《基于双研发模式的合作创新影响因素研究》，载于《科技进步与对策》2012 年第 8 期。

［22］李伟铭、崔毅、陈泽鹏：《技术创新政策对中小企业创新绩效影响的实证研究——以企业资源投入和组织激励为中介变量》，载于《科学学与科学技术管理》2008 年第 9 期。

［23］刘凤朝、马荣康：《公共科技政策对创新产出的影响——基于印度的模型构建与实证分析》，载于《科学学与科学技术管理》2012 年第 5 期。

［24］刘衡、李垣、李西垚，等：《关系资本、组织间沟通和创新绩

效的关系研究》，载于《科学学研究》2010 年第 12 期。

[25] 刘书瀚、王炳才、闫素仙：《研发（R&D）中介服务业与创新网络的发展》，载于《山西大学学报》2004 年第 1 期。

[26] 刘友金、郭新：《集群式创新形成与演化机理研究》，载于《中国软科学》2003 年第 2 期。

[27] 罗震世、杨正沛、衣凤鹏：《技术创新资源对技术创新绩效影响的实证研究》，载于《北京行政学院学报》2011 年第 3 期。

[28] 马俊美、王德禄：《高新技术企业研发人员管理模式研究》，载于《科技与管理》2010 年第 3 期。

[29] 马宗国：《研究联合体研发创新绩效评价及发展对策研究》，载于《科学管理研究》2014 年第 1 期。

[30] 庞俊亭、游达明：《基于复杂网络视角的集群创新网络特性研究》，载于《统计与决策》2012 年第 2 期。

[31] 彭灿：《突破性创新的资产基础与面向突破性创新的联盟战略》，载于《研究与发展管理》2009 年第 3 期。

[32] 彭红霞、达庆利：《企业文化、组织学习、创新管理对组织创新能力影响的实证研究》，载于《管理学报》2008 年第 1 期。

[33] 彭伟、符正平：《联盟网络对企业创新绩效的影响——基于珠三角企业的实证研究》，载于《科学学与科学技术管理》2012 年第 3 期。

[34] 彭新敏、吴丽娟、王琳：《权变视角下企业网络位置与产品创新绩效关系研究》，载于《科研管理》2012 年第 8 期。

[35] 彭正龙、王海花、蒋旭灿：《开放式创新模式下资源共享对创新绩效的影响：知识转移的中介效应》，载于《科学学与科学技术管理》2011 年第 1 期。

[36] 钱锡红、徐万里、杨永福：《企业网络位置、间接联系与创新绩效》，载于《中国工业经济》2010 年第 2 期。

[37] 钱锡红、杨永福、徐万里：《企业网络位置、吸收能力与创新绩效——一个交互效应模型》，载于《管理世界》2010 年第 5 期。

[38] 任胜钢、胡春燕、王龙伟：《我国区域创新网络结构特征对区域创新能力影响的实证研究》，载于《系统工程》2011 年第 2 期。

[39] 尚润芝、龙静：《高科技企业研发团队的创新管理：网络结构、变革型领导对创新绩效的影响》，载于《科学管理研究》2010年第5期。

[40] 施放、朱吉铭：《创新网络、组织学习对创新绩效的影响研究——基于浙江省高新技术企业》，载于《华东经济管理》2015年第10期。

[41] 宋刚：《钱学森开放复杂巨系统理论视角下的科技创新体系——以城市管理科技创新体系构建为例》，载于《科学管理研究》2009年第6期。

[42] 隋广军、申明浩：《产业集聚生命周期演进的动态分析》，载于《经济学动态》2004年第11期。

[43] 谭跃雄、周娜：《基于动态客户保持的企业客户生命周期价值模型研究》，载于《管理科学》2004年第6期。

[44] 汪安佑、高沫丽、郭琳：《产业集群创新IO要素模型与案例分析》，载于《经济与管理研究》2008年第4期。

[45] 王长峰：《大数据背景下企业创新模式变革》，载于《技术经济与管理研究》2016年第3期。

[46] 王广发：《关系属性、共同生产对服务创新绩效的影响研究》，华南理工大学2012年博士论文。

[47] 王娟：《研发创新评价与成果保护——体化对策》，载于《科学管理研究》2014年第1期。

[48] 王雪原、焦洪波：《基于规则的企业研发模式选择研究》，载于《中国科技论坛》2014年第10期。

[49] 王玉荣、杨震宁、李军：《竞争环境和技术战略对制造业创新绩效的影响》，载于《科研管理》2011年第7期。

[50] 吴晓波、陈颖：《基于吸收能力的研发模式选择的实证研究》，载于《科学学研究》2010年第11期。

[51] 吴永忠：《企业创新网络的形成及其演化》，载于《自然辩证法研究》2005年第9期。

[52] 伍蓓、陈劲、吴增源：《企业R&D外包的模式、测度及其对创新绩效的影响》，载于《科学学研究》2009年第2期。

[53] 谢洪涛：《项目治理对重大建设项目技术创新绩效的影响——考

虑项目创新度和复杂度的调节作用》，载于《技术经济》2013 年第 9 期。

［54］徐彪、张骁：《组织知识、学习导向与新产品创新绩效》，载于《管理科学》2011 年第 4 期。

［55］许春、刘奕、许锋：《影响企业选择外部资源实施研发创新的因素分析》，载于《科技进步与对策》2009 年第 3 期。

［56］薛佳奇、刘婷、张磊楠：《制造企业服务导向与创新绩效：一个基于顾客互动视角的理论模型》，载于《华东经济管理》2013 年第 8 期。

［57］杨桂菊：《基于社会资本理论的网络组织演化机制新阐释》，载于《软科学》2007 年第 4 期。

［58］杨潇、池仁勇：《外部结点、内部资源与企业创新绩效的关系研究：以长三角地区 199 家科技服务业企业为实证》，载于《研究与发展管理》2012 年第 1 期。

［59］叶永玲：《企业研发模式的比较研究》，载于《科技管理研究》2008 年第 2 期。

［60］尹润锋、朱颖俊：《绩效考核目标取向与员工创新行为：差错管理文化的中介作用》，载于《科学学与科学技术管理》2013 年第 2 期。

［61］于斌斌、鲍熹懿：《基于研发模式选择的集群企业竞争力研究》，载于《中国科技论坛》2010 年第 12 期。

［62］于海云、赵增耀、李晓钟：《民营企业创新绩效影响因素研究——企业家信心的研究视角》，载于《科研管理》2013 年第 9 期。

［63］原毅军、耿殿贺、张乙明：《技术关联下生产性服务业与制造业的研发博弈》，载于《中国工业经济》2007 年第 11 期。

［64］张金霞：《基于项目与管理导入的企业研发人员动态激励机制设计》，载于《中国科技论坛》2011 年第 2 期。

［65］张荣祥、伍满桂：《网络动态能力、创新网络质量及其创新绩效关系研究》，载于《兰州大学学报：社会科学版》2009 年第 2 期。

［66］张莹、张宗益：《区域创新环境对创新绩效影响的实证研究——以重庆市为例》，载于《科技管理研究》2009 年第 2 期。

［67］张赟：《我国装备制造业研发创新效率的动态分析研究》，载于《科技进步与对策》2012 年第 11 期。

[68] 郑建君、金盛华:《组织创新气氛对创新绩效的影响作用》,载于《中国临床心理学杂志》2010 年第 1 期。

[69] 朱兵、王文平、王为东:《企业文化、组织学习对创新绩效的影响》,载于《软科学》2010 年第 1 期。

[70] Abel Lucena. The Organizational Designs of R&D Activities and their Performance Implications: Empirical Evidence for Spain [J]. *Industry & Innovation*, 2009, 18 (2): 151 – 176.

[71] Abel Lucena. The Organizational Designs of R&D Activities and their Performance Implications: Empirical Evidence for Spain [J]. *Industry & Innovation*, 2009, 18 (2): 151 – 176.

[72] Allred D, Lichtenstein Y, Preist C, et al. *AGATHA: An Integrated Expert System to Test and Diagnose Complex Personal Computer Boards* [C] // Proceedings of the The Third Conference on Innovative Applications of Artificial Intelligence (IAAI – 91), 1991. 1991: 87 – 103.

[73] Amaia A. Convergence in the Innovative Performance of the European Union Countries [J]. *Transition Studies Review*, 2010, 17 (1): 22 – 38.

[74] Araujo L. Resource interaction in inter-organizational networks: Foundations, comparison, and a research agenda [J]. *Journal of Business Research*, 2012, 65 (2): 266 – 276.

[75] Arranz N, Arroyabe J C F D. Can innovation network projects result in efficient performance [J]. *Technological Forecasting & Social Change*, 2012, 79 (3): 485 – 497.

[76] Assis J A B. External linkages, innovation and the small and medium sized enterprise: the role and effectiveness of public technology policy in Portugal. [J]. *Journal of Planning History*, 1996, 14 (1).

[77] Audretsch D B. Innovation and Industry Evolution [J]. *Mit Press Books*, 1995, 1 (1): 81 – 99.

[78] Baker W E, Grinstein A, Harmancioglu N. Whose Innovation Performance Benefits More from External Networks: Entrepreneurial or Conservative Firms [J]. *Journal of Product Innovation Management*, 2015, 33: 105 – 120.

[79] Belderbos R, Carree M, Lokshin B, et al. Inter-temporal patterns of R&D collaboration and innovative performance [J]. *Journal of Technology Transfer*, 2014, 40 (1): 123 – 137.

[80] Berggren C, Järkvik J, Söderlund J. Lagomizing, organic integration, and systems emergency wards: Innovative practices in managing complex systems development projects [J]. *Project Management Journal*, 2008, 39: 111 – 122.

[81] Bernd Ebersberger, Sverre J. Herstad. The relationship between international innovation collaboration, intramural R&D and SMEs' innovation performance: a quantile regression approach [J]. *Applied Economics Letters*, 2013, 20 (20): 626 – 630.

[82] Bouty I. Interpersonal and Interaction Influences on Informal Resource Exchanges between R&D Researchers across Organizational Boundaries [J]. *Academy of Management Journal*, 2000, 43 (43): 50 – 65.

[83] Brockhoff K. R&D cooperation between firms-a perceived transaction cost perspective [J]. *Management Science*, 1992, 38 (4): 514 – 524.

[84] Burr C, Knauff M, Stepanova A. On the prisoner's dilemma in R&D with input spillovers and incentives for R&D cooperation [J]. *General Information*, 2013, 66 (3): 255 – 261.

[85] Burt R S. Information and structural holes: Comment on Reagans and Zuckerman [J]. *Industrial & Corporate Change*, 2008, 17 (5): 953 – 969.

[86] Calamel L, Defélix C, Picq T, et al. Inter-organisational projects in French innovation clusters: The construction of collaboration [J]. *International Journal of Project Management*, 2010, 30 (1): 58 – 59.

[87] Carayannis E G, Laget P. Transatlantic innovation infrastructure networks: public-private, EU – US R&D partnerships [J]. *R & D Management*, 2003, 34 (34): 17 – 31.

[88] Carboni O A. Heterogeneity in R&D collaboration: An empirical investigation [J]. Structural Change & Economic Dynamics, 2013, 25: 58 – 59.

[89] Carboni, Oliviero A. R&D subsidies and private R&D expenditures: evidence from Italian manufacturing data [J]. *International Review of Applied Economics*, 2011, 25 (4): 419 –439.

[90] Cassiman B, Guardo M C D, Valentini G, et al. Organising R&D Projects to Profit From Innovation: Insights From Co-opetition [J]. *Long Range Planning*, 2009, 42 (2): 216 –233.

[91] Cassiman B, Vanormelingen S. Profiting from Innovation: Firm Level Evidence on Markups [J]. *Ssrn Electronic Journal*, 2013.

[92] Cassiman B, Veugelers R, Zuniga M P. Diversity of science linkages and innovation performance: some empirical evidence from Flemish firms [J]. *Economics Discussion Papers*, 2009: 1 –27.

[93] Cassiman B, Veugelers R. In Search of Complementarity in Innovation Strategy: Internal R&D and External Knowledge Acquisition [J]. *Management Science*, 2006, 52 (1): 68 –82.

[94] Chai K H, Yap C M, Wang X. Network closure's impact on firms' competitive advantage: The mediating roles of knowledge processes [J]. *Journal of Engineering & Technology Management*, 2011, 28 (1 –2): 2 –22.

[95] Chen H W, Liu W C, Davis A J, Network position of hosts in food webs and their parasite diversity [J]. *Oikos*, 2008, 117 (12): 1847 –1855.

[96] Chiaroni D, Chiesa V, Frattini F. The Open Innovation Journey: How firms dynamically implement the emerging innovation management paradigm [J]. *Technovation*, 2011, 31 (1): 35 –53.

[97] Chien S C, Wang T Y, Lin S L. Application of neuro-fuzzy networks to forecast innovation performance – The example of Taiwanese manufacturing industry [J]. *Expert Systems with Applications*, 2010, 37 (2): 1086 –1095.

[98] Choi S, Yeom M. Higher Education Reform in South Korea: Perspectives on the New University for Regional Innovation Program. [J]. *International Journal of Educational Reform*, 2010, 19: 205 –221.

[99] Coleman J S. Social Capital in the Creation of Human Capital –

Knowledge and Social Capital – Chapter 2 ［J］. *Knowledge & Social Capital*, 2000 （Suppl 1）: 17 –41.

［100］ Colombo M G, Grilli L, Piva E. In search of complementary assets: The determinants of alliance formation of high-tech start-ups ［J］. *Research Policy*, 1998, 357 （4）: 426 –30.

［101］ Corsatea T D, Giaccaria S, Covrig C F, et al. RES diffusion and R&D investments in the flexibilisation of the European electricity networks ［J］. *Renewable & Sustainable Energy Reviews*, 2016, 55: 1069 – 1082.

［102］ Cowan, Robin. Network models of innovation and knowledge diffusion ［J］. *General Information*, 2004, 16 （1 – 2）: 155 – 174.

［103］ Dell'Era C, Marchesi A, Verganti R. Mastering Technologies in Design – Driven Innovation ［J］. *Research Technology Management*, 2010, 53 （2）: 12 – 23.

［104］ Dhont Peltrault, Etienne Pfister. R&D cooperation versus R&D subcontracting: empirical evidence from French survey data ［J］. *Economics of Innovation & New Technology*, 2007, 20 （4）: 309 – 341.

［105］ Dong G, Wu Q, Zhu D, et al. *Analyzing inland-orientation of port supply chain based on advertising – R&D model* ［C］ //Intelligent Control and Automation （WCICA）, 2010 8th World Congress on. IEEE, 2010: 3024 – 3027.

［106］ Dyer J H, Singh H. The relational view: Cooperative strategy and sources of interorganizational competitive advantage ［J］. *Academy of Management Review*, 1998, 23 （4）: 660 – 679.

［107］ Erku ş – Öztürk H. The role of cluster types and firm size in designing the level of network relations: The experience of the Antalya tourism region ［J］. Tourism Management, 2009, 30 （5）: 589 – 597.

［108］ Etro F, Cella M. EQUILIBRIUM PRINCIPAL – AGENT CONTRACTS Competition and R&D Incentives ［J］. *Journal of Economics & Management Strategy*, 2013, 22 （3）: 488 – 512.

［109］ Evangelista R, Iammarino S, Mastrostefano V, et al. Measuring the regional dimension of innovation. Lessons from the Italian Innovation Survey [J]. *Technovation*, 2001, 21 (11): 733 –745.

[110] Fitjar R D, Rodríguez – Pose A. Firm Collaboration and Modes of Innovation in Norway [J]. *Research Policy*, 2011, 52 (1): 128 –138.

[111] Franza R M, Grant K P, Spivey W A. Technology transfer contracts between R&D labs and commercial partners: choose your words wisely [J]. *Journal of Technology Transfer*, 2012, 37 (4): 577 –587.

[112] François J P, Favre F. Competence and Organization: Two Drivers of Innovation [J]. *Economics of Innovation & New Technology*, 2002, 66 (11): 249 –270.

[113] Freeman C. Network of Innovators: A Synthesis of Research Issues [J]. *Research Policy*, 1991, 20 (91): 499 –514.

[114] Fritsch M, Kauffeld – Monz M. The impact of network structure on knowledge transfer: an application of social network analysis in the context of regional innovation networks [J]. *Annals of Regional Science*, 2010, 55 (1): 21 –38.

[115] Galli R. Innovation possibilities for prehospital providers [J]. *Prehospital Emergency Care Official Journal of the National Association of Ems Physicians & the National Association of State Ems Directors*, 2006, 10(3): 317 – 319.

[116] Gebreeyesus M, Mohnen P. Innovation Performance and Embeddedness in Networks: Evidence from the Ethiopian Footwear Cluster [J]. *World Development*, 2013, 51 (3): 302 –316.

[117] Globerman S. Markets, Hierarchies, and Innovation [J]. *Journal of Economic Issues*, 1980, 14 (4): 977 –998.

[118] Gloor P A, Paasivaara M, Willems D S P. Finding collaborative innovation networks through correlating performance with social network structure [J]. *International Journal of Production Research*, 2008, 56 (5): 1357 – 1371.

[119] Gloor P, Paasivaara M, Schoder D, et al. Correlating Perform-

ance With Social Network Structure Through Teaching Social Network Analysis [J]. *Network – Centric Collaboration and Supporting Frameworks*, 2007, 224: 25 – 27.

[120] Granovetter M, Yakubovich V, Mcguire P. Electric charges: The social construction of rate systems [J]. *Theory & Society*, 2005, 34 (5): 579 – 612.

[121] Guan J, Zhang J, Yan Y. The impact of multilevel networks on innovation [J]. *Research Policy*, 2015, 55 (3): 555 – 559.

[122] Gulati R, Nickerson J A. Interorganizational Trust, Governance Choice, and Exchange Performance [J]. *Organization Science*, 2008, 19 (5): 688 – 708.

[123] Gulati R. Alliances and networks [J]. *Strategic Management Journal*, 1998, 19 (4): 293 – 317.

[124] Hagmann J, Chuma E, Murwira K, et al. Success Factors in Integrated Natural Resource Management R&D: Lessons from Practice [J]. *Conservation Ecology*, 2001, 5 (2).

[125] Hamman J R, Weber R A. Self-Interest through Delegation: An Additional Rationale for the Principal – Agent Relationship [J]. *American Economic Review*, 2010, 100 (4): 1826 – 46.

[126] Hansen B E. Threshold effects in non-dynamic panels: Estimation, testing, and inference [J]. *Journal of Econometrics*, 1999, 93 (2): 345 – 368.

[127] He J, Fallah M H. The typology of technology clusters and its evolution – Evidence from the hi-tech industries [J]. *Technological Forecasting & Social Change*, 2011, 78 (6): 955 – 952.

[128] Hermans F. Structural Conditions for Collaboration and Learning in Innovation Networks: Using an Innovation System Performance Lens to Analyse Agricultural Knowledge Systems [J]. *Journal of Agricultural Education & Extension*, 2015, 21 (1): 35 – 55.

[129] Hinloopen J. R&D Efficiency Gains Due to Cooperation [J]. *Jour-*

*nal of Economics*, 2003, 80 (2): 107 – 125.

[130] Hu E, Liu H. Study on cluster innovation enterprises and external environments based-on synergy innovation [J]. *Scientific Management Research*, 2007.

[131] Huang B, Yu – Yu L I, Huang W. Valuation Adjustment Mechanism Design for Cooperative R&D with Venture Capital Based on Double Principal-agent [J]. *R & D Management*, 2015.

[132] Huang B, Yu – Yu L I, Huang W. Valuation Adjustment Mechanism Design for Cooperative R&D with Venture Capital Based on Double Principal-agent [J]. *R & D Management*, 2015.

[133] Håkansson H. *Industrial technological development*: *a network approach* [M]. Croom Helm, 1987.

[134] Infield D G, Thomson M, Network power-flow analysis for a high penetration of distributed generation [J]. *IEEE Transactions on Power Systems*, 2007, 22 (3): 1157 – 1162.

[135] Ivers N, Tricco A C, Trikalinos T A, et al. Seeing the forests and the trees-innovative approaches to exploring heterogeneity in systematic reviews of complex interventions to enhance health system decision-making: a protocol [J]. *Systematic Reviews*, 2014, 3 (1): 1 – 11.

[136] James H. Love, Stephen Roper. Internal Versus External R&D: A Study of R&D Choice with Sample Selection [J]. *International Journal of the Economics of Business*, 2002, 9 (2): 239 – 255.

[137] Jian Z, Wang C, Zhao X. Network Competence's Impact on Service Innovation Performance: Mediating Role of Relationship Learning [J]. *Journal of Service Science & Management*, 2013, 6 (4): 256 – 265.

[138] Karna A, Tçube F, Sonderegger P. Evolution of Innovation Networks across Geographical and Organizational Boundaries: A Study of R&D Subsidiaries in the Bangalore IT Cluster [J]. *European Management Review*, 2013, 10 (4): 211 – 226.

[139] Kenta Nakamura, Hiroyuki Odagiri. R&D boundaries of the firm:

An estimation of the double-hurdle model on commissioned R&D, joint R&D, and licensing in Japan [J]. *Economics of Innovation & New Technology*, 2005, 14 (7): 583 –615.

[140] Kenta Nakamura, Hiroyuki Odagiri. R&D boundaries of the firm: An estimation of the double-hurdle model on commissioned R&D, joint R&D, and licensing in Japan [J]. *Economics of Innovation & New Technology*, 2005, 14 (7): 583 –615.

[141] Kim H, Park Y. The impact of R&D collaboration on innovative performance in Korea: A Bayesian network approach [J]. *Scientometrics*, 2008, 75 (75): 535 –554.

[142] Koka B R, Prescott J E, Designing alliance networks: the influence of network position, environmental change, and strategy on firm performance [J]. *Strategic Management Journal*, 2008, 29 (6): 639 –661.

[143] Krackhardt D. The Strength of Strong Ties: The Importance of Philos in Organizations [J]. *Networks & Organizations*, 1992: 216 –239.

[144] Kraft K, Jirjahn U. Do Spillovers Stimulate Incremental or Drastic Product Innovations? Hypotheses and Evidence from German Establishment Data [J]. *Oxford Bulletin of Economics & Statistics*, 2006, 73 (4): 509 –538.

[145] Lacetera N. Different Missions and Commitment Power in R&D Organizations: Theory and Evidence on Industry – University Alliances [J]. *Organization Science*, 2009, 20 (3): 565 –582.

[146] Laura Abramovsky, Elisabeth Kremp, Alberto López, et al. Understanding co-operative R&D activity: evidence from four European countries [J]. *Economics of Innovation & New Technology*, 2005, 18 (3): 243 –265.

[147] Lee M, Na D. Determinants of Technical Success in Product Development When Innovative Radicalness Is Considered [J]. *Journal of Product Innovation Management*, 1994, 11 (1): 62 –68.

[148] Lee M, Om K. A conceptual framework of technological innovation management [J]. *Technovation*, 1994, 14 (1): 7 –16.

[149] Levén P. Balancing diversity in innovation networks: Trading zones

in university-industry R&D collaboration [J]. *European Journal of Innovation Management*, 1998, 18: 44 – 69.

[150] Lhuillery S, Raffo J. How to play the "Names Game": Patent retrieval comparing different heuristics [J]. *SSRN Electronic Journal*, 2009, 38 (10): 1617 – 1627.

[151] Li W B, Yu B, Wu W W. *The effect of alliance structure on knowledge innovation performance in R&D alliance: Organizational learning as a mediator* [C] //Management Science & Engineering (ICMSE), 2014 International Conference on. IEEE, 2014: 847 – 856.

[152] Li Y M, Lai C Y, Chen C W. Discovering influencers for marketing in the blogosphere [J]. Information Sciences, 2011, 181 (23): 5153 – 5157.

[153] Liao Y L, Hong Q L. *Survey of option game theory of R&D investment* [C] //E – Business and E – Government (ICEE), 2011 International Conference on. IEEE, 2011: 1 – 6.

[154] Liu C H. The effects of innovation alliance on network structure and density of cluster [J]. *Expert Systems with Applications*, 2011, 38 (1): 299 – 305.

[155] Love J H, Roper S. The Determinants of Innovation: R & D, Technology Transfer and Networking Effects [J]. *Review of Industrial Organization*, 1999, 15 (15): 43 – 64.

[156] Luecht R M. Capturing, Codifying and Scoring Complex Data for Innovative, Computer – Based Items. [J]. *Certification*, 2001: 30.

[157] Maillat D, Crevoisier O, Lecoq B, *Innovation Networks and Territorial Dynamics: A Tentative Typology. Patterns of a Network Economy.* Berlin Heidelberg: Springer Berlin Heidelberg, 1994, 33 – 52.

[158] Majewski S E, Williamson D V. Incomplete contracting and the structure of R&D joint venture contracts [J]. *Advances in the Study of Entrepreneurship Innovation & Economic Growth*, 2004, 15 (15): 201 – 228.

[159] Miyagiwa K, Gao X. Antidumping protection and R&D competition

[J]. *Canadian Journal of Economics/revue Canadienne Déconomique*, 2005, 38 (1): 211 –227.

[160] Najib Harabi. Innovation Through Vertical Relations Between Firms, Suppliers And Customers: A Study Of German Firms [J]. *Industry & Innovation*, 1998, 5 (2): 157 –179.

[161] Nieto M J, Santamaría L, Barge – Gil A. Beyond formal R&D: Taking advantage of other sources of innovation in low- and medium-technology industries [J]. *Research Policy*, 2009, 38 (3): 507 –517.

[162] Nieto M J, Santamaría L. Technological Collaboration: Bridging the Innovation Gap between Small and Large Firms [J]. *Journal of Small Business Management*, 2006, 48 (1): 44 –69.

[163] Okamuro H, Kato M, Honjo Y. Determinants of R&D cooperation in Japanese start-ups [J]. *Research Policy*, 2011, 50 (5): 728 –738.

[164] Owen – Smith J, Powell W W. Knowledge Networks as Channels and Conduits: The Effects of Spillovers in the Boston Biotechnology Community [J]. *Organization Science*, 2005, 15 (1): 5 –21.

[165] Panteli N, Sockalingam S. Trust and conflict within virtual inter-organizational alliances: a framework for facilitating knowledge sharing [J]. *Decision Support Systems*, 2005, 39 (4) (4): 599 –617.

[166] Pearce R, Papanastassiou M. R&D networks and innovation: Decentralized PD in multinational enterprises [J]. *R & D Management*, 2007, 26 (4): 315 –333.

[167] Pisano G P. The governance of innovation: Vertical integration and collaborative arrangements in the biotechnology industry ☆ [J]. *Research Policy*, 1991, 20 (3): 237 –249.

[168] Revenga C, Campbell I, Abell R, et al. Prospects for monitoring freshwater ecosystems towards the 2010 targets [J]. *Philosophical Transactions of the Royal Society of London*, 2005, 360 (1454): 397 –413.

[169] Ritter T, Gemünden H G. The impact of a company's business strategy on its technological competence, network competence and innovation

success [J]. *Journal of Business Research*, 2004, 57 (5): 548–556.

[170] Ron A. Boschma, Anne L. J. ter Wal. Knowledge Networks and Innovative Performance in an Industrial District: The Case of a Footwear District in the South of Italy [J]. *Industry & Innovation*, 2007, 06. 01 (14): 177–199.

[171] Sano Y, Mochizuki S, Miyake A, et al. Structuring Organizational Communication: Employees' Role and Network Position as Predictive of Institutional Talk About the Adoption of Technology [J]. *Febs Letters*, 2012, 512 (1–3): 4445–4454.

[172] Schilling M A, Steensma H K. The use of modular organizational forms: an industry-level analysis [J]. *Academy of Management Journal*, 2001, 44 (6): 1149–1168.

[173] Schmiedeberg C. Complementarities of innovation activities: An empirical analysis of the German manufacturing sector [J]. *Research Policy*, 2008, 37 (9): 1492–1503.

[174] Segarra A, Vano E, Fernandez J M, et al. A pilot experience launching a national dose protocol for vascular and interventional radiology [J]. *Radiation Protection Dosimetry*, 2008, 129 (1–3): 46–49.

[175] Si B X, Liu Y. *A review: Firm's R&D networks and innovation* [C] //Management of Technology (ISMOT), 2012 International Symposium on. IEEE, 2012: 155–159.

[176] Simpson H, Abramovsky L, Harrison R. University Research and the Location of Business R&D [J]. *Economic Journal*, 2007, 117 (519): C114–C141.

[177] Sobrero M, Roberts E B. Strategic management of supplier-manufacturer relations in new product development [J]. *Research Policy*, 2002, 31 (1): 159–182.

[178] Souitaris V. External communication determinants of innovation in the context of a newly industrialised country: a comparison of objective and perceptual results from Greece [J]. *Technovation*, 2001, 21 (1): 25–34.

[179] Steensma H. The 7 Laws of Innovation – The Human Side of Innovation in Organizations – By H. Hoving and R. Plantinga [J]. *Creativity & Innovation Management*, 2007, 16 (2): 211 –212.

[180] Steinfield C, Scupola A, López – Nicolás C. Social capital, ICT use and company performance: Findings from the Medicon Valley Biotech Cluster [J]. *Technological Forecasting & Social Change*, 2010, 77 (7): 1156 – 1166.

[181] Tan W F, Zhang B. Research on R&D Cooperation of Petrochemical Enterprise Based on Game Theory [J]. *Applied Mechanics & Materials*, 2011, 71 –78: 2257 –2261.

[182] Tether B S, Tajar A. Beyond industry-university links: Sourcing knowledge for innovation from consultants, private research organisations and the public science-base [J]. *Research Policy*, 2008, 37 (6 – 7): 1079 – 1095.

[183] Tony L, John M, Vicky C, et al. *The Effect of Network Position and Relationship Quality on Organizational Performance – The ABW Family* [C] //International Conference on Computational Science & Engineering. IEEE Computer Society, 2009: 832 –836.

[184] Tsai K H. Collaborative networks and product innovation performance: Toward a contingency perspective [J] . *Research Policy*, 2009, 38 (5): 765 –778.

[185] Udell G G, Bottin R, Glass D D. The Wal – Mart Innovation Network: An Experiment in Stimulating American Innovation [J]. *Journal of Product Innovation Management*, 1993, 10 (1): 23 –34.

[186] Un C A, Romero – Martínez A M, ángeles Montoro – Sánchez. Determinants of R&D collaboration of service firms [J]. *Service Business*, 2009, 3 (3): 373 –394.

[187] Vaona A, Pianta M. Firm Size and Innovation in European Manufacturing [J]. *Small Business Economics*, 2008, 30 (3): 283 –299.

[188] Walker G, Shan W. Social Capital, Structural Holes and the Forma-

tion of an Industry Network [J]. *Organization Science*, 1997, 8 (2): 109 – 125.

[189] White H C. *Identity and Control*: *A Structural Theory of Social Action*. New Jersey: Princeton University Press, 1992, 35 – 95.

[190] Wu F, Mao X, Yin J. Uncertainty and economic growth in a stochastic R&D model [J]. *Economic Modelling*, 2008, 25 (6): 1306 – 1317.

[191] Xu D X, Rao Y D. *Innovation Synergy and Sustainable Growth of Enterprises* [C] //Wireless Communications, Networking and Mobile Computing, 2008. WiCOM '08. 4th International Conference on. IEEE, 2008: 1 – 4.

[192] Xu Y, Li H. Research on Evaluation of Enterprises' Technology Innovation Performance from the Perspective of Industrial Cluster Networks [J]. *Energy Procedia*, 2011, 5: 1279 – 1283.

[193] Xuan W, Zhao – Feng D. *Research on "Final Continues" Game Behavior in R&D Competition of Enterprise in the Mature Period Based on Reputation* [C] //Proceedings of the 2012 3rd International Conference on E – Business and E – Government – Volume 05. 2012: 771 – 774.

[194] Yang K S, Lin C Y, Yang K S, et al. Network dynamics and innovative performance: The moderating effects of network resources [J]. *African Journal of Business Management*, 2012, 6 (4).

[195] Yang Y W, Zhang R K. Research of Synergy Innovation Strategy of Industry Cluster in Yangtze River Delta [J]. *China Soft Science*, 2009.

[196] Zaheer A, Bell G G. Benefiting from network position: firm capabilities, structural holes, and performance [J]. *Strategic Management Journal*, 2005, 26 (9): 809 – 825.